LIBRO DE COCINA DE LA FREIDORA DE AIRE

LA GUIA DEFINITIVA PARA COMER PLATOS SABROSOS Y SALUDABLES

YASMINA MARTINEZ

Contenido

INTRODUCCION

Vez tras vez, las innovaciones tecnológicas traen consigo un nuevo invento por el que la gente se vuelve loca. Y la industria alimentaria no es una excepción.

El combo de parrilla y freidora de aire PowerXL es uno de los mejores aparatos de cocina inteligentes que están de moda en el mercado. Estos aparatos son capaces de cocinar una gran variedad de alimentos con menos esfuerzo.

El grill PowerXL es uno de los aparatos de cocina más versátiles que realiza 12 operaciones de cocción diferentes, como freír al aire, asar a la parrilla, cocinar a fuego lento, hornear, cocinar al vapor, asar, freír, saltear, cocinar arroz y mantener caliente.

Nunca tendrá que comprar aparatos separados para estas operaciones de cocción individuales. Su grill PowerXL es capaz de manejar todas estas operaciones de cocción múltiple en un solo aparato de cocina.

Con su freidora de aire Power XL, puede cocinar y servir una variedad de platos en menos tiempo. Puede cocinar los alimentos hasta un 30% más rápido que con un horno convencional.

Con un diámetro de 161/2", la Power XL Air Fryer puede contener hasta 2-1/2 libras de patatas fritas o un pollo grande.

El diseño de la cesta flexible y el sistema de ventilación permiten que el aire circule dentro de la cesta de cocción y proporciona una cocción uniforme.

El aire se dirige sobre los alimentos para una cocción uniforme. Y la cesta de cocción cromada es fácil de limpiar. Podrá disfrutar de alimentos saludables que no

engordan sin necesidad de freír o añadir aceite.

Si ha pasado más tiempo recorriendo sus redes sociales o viendo la televisión en medio de la actual pandemia mundial, probablemente haya oído hablar de la última locura en aparatos de cocina: la freidora de aire. Este milagroso aparato de cocina puede transformar casi cualquier alimento en una crujiente perfección sin la grasa y el desorden que normalmente se asocian a la fritura normal.

Las freidoras de aire también son aparatos de cocina versátiles, lo que las convierte en una herramienta asequible para cocinar comidas relativamente más sanas, fáciles y rápidas.

Este libro de cocina contiene recetas seleccionadas de diferentes categorías de cocina como desayunos, aves de corral, ternera, cerdo y cordero, pescado y marisco, verduras y guarniciones, aperitivos y meriendas, y postres. Las recetas de este libro son únicas y están escritas de forma fácilmente comprensible. Todas las recetas comienzan con su preparación y tiempo de cocción, seguidas de instrucciones de cocina paso a paso que le ayudarán durante el proceso de cocción. Cada receta termina con la información sobre su valor nutricional.

Además, las freidoras de aire son fáciles de usar para los principiantes y producen sabrosos platos incluso con un esfuerzo mínimo. Estos prácticos aparatos se cuidan solos, por así decirlo. Basta con configurarla para que cocine los alimentos en al menos la mitad del tiempo que se tarda normalmente, y se apague automáticamente cuando haya terminado.

La naturaleza conveniente y de bajo mantenimiento de este aparato le ahorrará espacio, tiempo y dinero a largo plazo. Le permite dedicarse a otras cosas mientras hace por usted no uno, sino ocho estilos de cocción de una selección ilimitada de sabrosos platos saludables.

CONSEJOS POR LA LIMPIEZA Y EL MANTENIMIENTO

Botones de control y funciones preestablecidas

El PowerXL Grill viene con un gran sistema de panel de control digital y 12 funciones preestablecidas. Elija una función apropiada de las funciones preestablecidas según las necesidades de su receta. A continuación, se ofrece más información sobre estos botones y funciones:

Funciones preestablecidas

1.   Air Fry: Esta función es ideal para freír al aire su comida favorita como patatas fritas, alitas de pollo, verduras, palitos de mozzarella y mucho más con muy poca grasa y aceite. Ahorra más del 70% del aceite y las grasas en comparación con el método de freír sin comprometer el sabor y la textura como los alimentos fritos. Mientras se utiliza esta función siempre use la tapa de la freidora de aire.

2.   Cocción lenta: Con esta función puede convertir su grill PowerXL en una olla de cocción lenta. Cocina su comida a una temperatura muy baja durante mucho tiempo y le da sabor a su comida. Utilizando esta función puede cocinar una gran variedad de alimentos a baja temperatura sin perder sus valores nutricionales. Utilice una tapa de cristal mientras utiliza esta función.

Crisper Tray

Baking Pan

3.   Vapor: Esta función convierte su parrilla PowerXL en una vaporera. Una pequeña cantidad de agua que alcance su punto de ebullición creará el vapor. Mientras usa esta función utilice una rejilla para cocinar al vapor y una tapa de cristal.

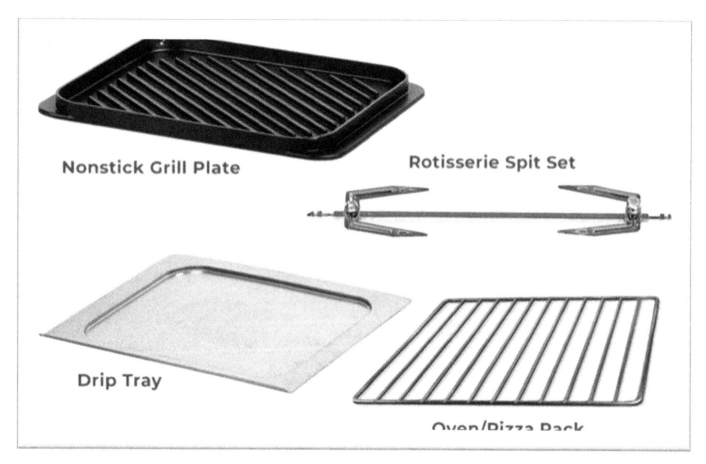

Nonstick Grill Plate

Rotisserie Spit Set

Drip Tray

Oven/Pizza Rack

4.   Saltear: Esta función se utiliza como una sartén. Convierte su parrilla PowerXL en una sartén para dorar sus alimentos. Mientras usa esta función utilice la tapa de cristal.

5.   Grill: Usando esta función puede asar su comida favorita. Al usar esta función utiliza una placa de parrilla para obtener los mejores resultados. Produce el calor alto a 500°F para calentar la placa de la parrilla. Obtendrá bonitas marcas de parrilla en su comida sin llenar su cocina de humo. Usa una tapa de freidora de aire mientras usas esta función.

6.   Hornear: Esta función se utiliza para hornear su pastel favorito, galletas, postres y más. Utilice una tapa de freidora de aire mientras utiliza esta función.

7.   Asar: Esta función es una opción ideal para asar su comida favorita. Puede asar la pieza entera de pescado, verduras, carne, y más. El grill PowerXL utiliza técnicas de circulación de aire caliente para asar su comida de forma uniforme por todos los lados. Mientras se asan los alimentos, nunca tendrá que darles la vuelta. Utilice una tapa de freidora de aire mientras utiliza esta función.

8.   Arroz: Mientras utiliza esta función la pantalla del grill PowerXL muestra el símbolo de rotación. El temporizador no mostrará el proceso de cuenta atrás mientras se utiliza esta función porque el tiempo variará y

dependerá de la cantidad de arroz que se tome. Después de terminar el ciclo de cocción, los aparatos activan el modo de mantener caliente. Utilice una tapa de cristal mientras utiliza esta función.

9.   Cocinar a fuego lento: Esta función es ideal para cocinar a fuego lento su proteína favorita (carne, pescado o aves) a baja temperatura por debajo del punto de ebullición.

10.   Sous Vide: Con esta función puede cocinar sus alimentos, como el pescado y la carne, sellándolos al vacío bajo un baño de agua caliente. Utilice una tapa de cristal mientras utiliza esta función.

11.   Freír: Esta función es ideal para freír sus alimentos (no utilizar para freír). Se recomienda no utilizar más de una pulgada de aceite y ajustar el temporizador según las necesidades de la receta. Utilice una tapa de cristal mientras utiliza esta función.

12.   Mantener caliente: Esta función se utiliza para cocinar los alimentos lentamente durante un largo periodo de tiempo. Esta función le ayudará a mantener su comida caliente hasta que la sirva. Utilice una tapa de cristal cuando utilice esta función.

Funciónes

- Botón del temporizador: Cuando utilice algunos de los modos de cocción, podrá ajustar el tiempo según las necesidades de su receta. Sólo tiene que pulsar el botón del temporizador y ajustar la configuración del temporizador girando el mando de control. También puede cambiar los ajustes de tiempo en cualquier momento durante el ciclo de cocción.

- Botón de temperatura: Al utilizar algunos de los modos de cocción, puede ajustar la temperatura según las necesidades de su receta. Sólo tiene que pulsar el botón de temperatura y ajustar la temperatura deseada girando el mando de control. Puede ajustar la temperatura en cualquier momento durante el ciclo de cocción.

- Temporizador de retraso: Puede utilizar esta función para retrasar el inicio del proceso de cocción según su horario. Permite iniciar el programa de cocción deseado según la configuración del tiempo de retardo.

- Botón de inicio: Este botón se utiliza para iniciar el proceso de cocción deseado.

- Botón de cancelación: Con este botón puede cancelar o detener el ciclo de cocción en curso.

- Mantener caliente: Esta función se utiliza para mantener la comida caliente hasta que se sirva. Para utilizar esta función, seleccione el tiempo deseado girando el mando de control. Mantiene la comida caliente durante mucho tiempo manteniendo una temperatura determinada.

La limpieza periódica es uno de los procesos necesarios que se realizan con cada uso de los electrodomésticos. Mantiene su electrodoméstico ordenado y limpio y también aumenta la vida útil de los aparatos. Los siguientes pasos sencillos de limpieza le ayudarán a limpiar su parrilla PowerXL con facilidad.

1.   Antes de comenzar la limpieza propiamente dicha, asegúrese de que el aparato está desenchufado de la toma de corriente y deje que se enfríe a temperatura ambiente.

2. Abra la tapa de la freidora de aire y retire los accesorios como la placa de la parrilla y la olla interior para su limpieza. Los accesorios vienen con una parrilla PowerXL que es apta para el lavavajillas, puede limpiarla con un lavavajillas o con agua jabonosa.

3. No utilice productos químicos fuertes para limpiar los accesorios puede hacer que se elimine el revestimiento antiadherente.

4. Después de limpiar los accesorios si queda algún residuo o mancha entonces remoje la olla en agua jabonosa durante toda la noche y luego límpiela adecuadamente.

5. Con un paño suave y húmedo limpie la unidad principal por dentro y por fuera.

6. Después de terminar el proceso de limpieza asegúrese de que todos los accesorios estén bien secos antes de fijar su posición original.

7. Ahora su parrilla PowerXL está lista para su próximo uso.

A continuación, le ofrecemos algunos consejos más sobre el uso de su Power XL Air Fryer Grill:

1. La parrilla viene con una base de trébede y está diseñada para encender su carbón en sólo 15-20 minutos. Esto se traduce en menos tiempo y en ningún desorden, ya que no tendrá que molestarse con el líquido para encender el carbón.

2. La parrilla tiene una rejilla metálica para cocinar, que mantiene los alimentos en su sitio mientras el carbón se calienta. Si quieres usar una superficie afelpada, puedes usar papel de aluminio.

3. Los 410 centímetros cuadrados de superficie de cocción le permiten cocinar varios alimentos a la vez. Puede probar a cocinar alitas de pollo, hamburguesas, salchichas o incluso pollo entero. Si eres vegetariano, puedes cocinar verduras y tofu.

4. La parrilla Power XL es una solución de cocina rentable. Utilizándola en lugar del ahumador te ahorras unos 6,50 dólares en 15 años.

5. El Power XL Grill es fácil de limpiar. La parrilla viene con una rejilla de cocción de doble función, que le permite utilizar la rejilla para asar y para hornear. Se calienta rápidamente y proporciona una distribución uniforme del calor. Las rejillas de cocción son fáciles de limpiar y no contienen teflón. Puedes dejarlas en remojo en agua; se pueden lavar en el lavavajillas.

RECETAS DE APERITIVOS Y SNACKS

1. Semillas de calabaza

Tiempo de preparación: 5 minutos
Tiempo de cocción: 25 minutos
Raciones: 6
Ingredientes:
- 252g de semillas de calabaza
- Agua
- 1 ½ cucharadas de mantequilla
- ½ cucharadita de sal de ajo

Indicaciones
1. Añade las semillas de calabaza a una olla llena de agua.
2. Llevar a ebullición
3. Escurrir las semillas.
4. Dejar enfriar durante 5 minutos.
5. Mezclar las semillas de calabaza con la mantequilla.
6. Sazonar con sal de ajo.
7. Añadir a la freidora de aire.
8. Ponerla a freír al aire.
9. Cocinar a 180C durante 15 minutos, agitando una vez.

Nutrición: Calorías 152 Grasas 11g Proteínas 27g

2. Dip de ajo asado

Tiempo de preparación: 10 minutos
Tiempo de cocción: 20 minutos
Raciones: 6
Ingredientes:
- 1 cabeza de ajo
- ½ cucharada de aceite de oliva

Indicaciones
1. Cortar la parte superior del ajo.
2. Rociar con el aceite de oliva.
3. Añadir a la freidora de aire.
4. Ponerla a asar.
5. Cocinar a 200C durante 20 minutos.
6. Pelar los ajos.
7. Pasar a un procesador de alimentos.
8. Pulse hasta que esté suave.

Nutrición: Calorías 126 Grasas 22g Proteínas 11g

3. Aros de cebolla con bacon

Tiempo de preparación: 15 minutos
Tiempo de cocción: 10 minutos
Raciones: 4
Ingredientes:
- 2 cebollas blancas, cortadas en aros
- 1 cucharada de salsa picante
- 10 rebanadas de tocino

Indicaciones
1. Cubrir los aros de cebolla con salsa picante.
2. Envolver cada aro de cebolla con tocino.
3. Añadir a la freidora de aire.
4. Ponerla a freír al aire.
5. Cocine a 190 grados C durante 5 minutos por lado.

Nutrición: Calorías 136 Grasas 20g Proteínas 9g

4. Sándwich de queso a la parrilla

Tiempo de preparación: 5 minutos
Tiempo de cocción: 8 minutos
Raciones: 1
Ingredientes:
- 2 rebanadas de pan
- 1 cucharada de mantequilla
- 2 rebanadas de queso cheddar

Indicaciones
1. Untar un lado de las rebanadas de pan con mantequilla.
2. Situar el queso entre las dos rebanadas de pan.
3. Elija el ajuste de grill en su freidora de aire.
4. Cocine a 180 grados C durante 5 minutos.
5. Voltee y cocine por otros 3 minutos.

Nutrición: Calorías 133 Grasas 19g Proteínas 8g

5. Papas fritas de aguacate con tocino

Tiempo de preparación: 10 minutos
Tiempo de cocción: 10 minutos
Raciones: 6
Ingredientes:
- 1 aguacate, cortado en gajos
- 12 a 15 tiras de bacon

- Spray de cocina

Indicaciones

1. Envuelve las cuñas de aguacate con el bacon.
2. Rociar con aceite.
3. Añadir a la freidora de aire.
4. Ponerla a freír al aire.
5. Cocine a 200C durante 10 minutos.

Nutrición: Calorías 149 Grasas 29g Proteínas 14g

6. Empanada de ternera

Tiempo de preparación: 20 minutos
Tiempo de cocción: 20 minutos
Raciones: 2
Ingredientes:

- 1 cucharada de aceite de oliva
- 226 gramos de carne picada
- ½ cebolla picada
- 1 diente de ajo picado
- 1 pimiento verde picado
- 59g de salsa de tomate
- Sal y pimienta al gusto
- ¼ de cucharadita de comino
- 1 yema de huevo
- 1 cucharada de leche
- 1 paquete de conchas de empanada

Indicaciones

1. Verter el aceite en una sartén a fuego medio.
2. Cocinar la carne picada durante 5 minutos.
3. Escurrir la grasa.
4. Incorporar la cebolla y el ajo.
5. Cocinar durante 4 minutos.
6. Añade el pimiento y la salsa.
7. Condimentar con sal, pimienta y comino.
8. Cocinar durante 10 minutos.
9. En un bol, mezclar la yema de huevo y la leche.
10. Colocar la mezcla de carne molida sobre las conchas de las empanadas.
11. Doblar y sellar.
12. Pincelar ambos lados con el lavado de huevo.
13. Añadir la empanada a la freidora de aire.
14. Ponerla a freír al aire.
15. Cocinar a 200C durante 10 minutos.

Nutrición: Calorías 226 Grasas 27g Proteínas 12g

7. Patatas fritas

Tiempo de preparación: 5 minutos
Tiempo de cocción: 8 minutos
Raciones: 4
Ingredientes:

- 12 patatas de bolsa
- 12 tiras de tocino

Indicaciones

1. Envuelve los tots de patata con tiras de bacon.
2. Añadir a la freidora de aire.
3. Ponerla a freír al aire.
4. Cocinar a 200°C durante 8 minutos, dándole la vuelta una o dos veces.

Nutrición: Calorías 131 Grasas 29g Proteínas 12g

8. Camarones tropicales

Tiempo de preparación: 10 minutos
Tiempo de cocción: 6 minutos
Raciones: 3
Ingredientes:

- 9 camarones, pelados y desvenados
- 62g de harina
- 1 huevo
- 126g de pan rallado
- 75g de copos de coco

Indicaciones

1. Pasar las gambas por harina.
2. Pasar por huevo.
3. Pasar por una mezcla de pan rallado y copos de coco.
4. Disponer las gambas en la freidora de aire.
5. Ponerla a freír al aire.
6. Cocine a 160C durante 6 minutos por lado.

Nutrición: Calorías 144 Grasas 29g Proteínas 13g

9. Nudos de ajo

Tiempo de preparación: 10 minutos
Tiempo de cocción: 15 minutos
Raciones: 2
Ingredientes:

- 1 masa de pizza
- 125ml de aceite de oliva
- 5 dientes de ajo picados
- Sal al gusto
- 18g de perejil picado
- 23g de queso parmesano rallado

Indicaciones

1. Dividir la masa de la pizza en 2.
2. Enrollar en forma de cuerda.
3. Haz un nudo con la masa.
4. Mezclar el resto de ingredientes en un bol.
5. Pincelar la parte superior con esta mezcla.
6. Colócalos dentro de la freidora de aire.
7. Ponerla a hornear.
8. Cocinar a 180ºC durante 15 minutos, dándole la vuelta a mitad de camino.

Nutrición: Calorías 126 Grasas 22g Proteínas 16g

10. Tiras de tostadas francesas

Tiempo de preparación: 10 minutos
Tiempo de cocción: 8 minutos
Raciones: 6
Ingredientes:
- 2 huevos
- 125ml de leche
- 127g de crema de leche
- ¼ cucharadita de canela molida
- ½ cucharadita de extracto de vainilla
- 3 cucharadas de azúcar
- Una pizca de sal
- 6 rebanadas de pan de molde, cortadas en tiras

Indicaciones
1. Batir los huevos en un bol.
2. Incorporar la leche, la nata, la canela, la vainilla, el azúcar y la sal.
3. Rebozar las tiras de pan con la mezcla.
4. Colocar en la freidora de aire.
5. Ponerla a freír por aire/parrilla.
6. Póngalo a 190 grados C.
7. Cocine durante 4 minutos por lado.

Nutrición: Calorías 166 Grasas 21g Proteínas 8g

11. Sándwich de huevo

Tiempo de preparación: 10 minutos
Tiempo de cocción: 16 minutos
Raciones: 4
Ingredientes:
- 4 huevos
- 243g de mayonesa ligera
- 1 cucharada de cebollino picado
- Pimienta al gusto
- 8 rebanadas de pan de molde

Indicaciones
1. Añade los huevos a la rejilla de la freidora de aire.
2. Seleccione la función de freír al aire.
3. Prográmelo a 120 grados C.
4. Cocine durante 16 minutos.
5. Colocar los huevos en un bol con agua helada.
6. Pelar y pasar a otro bol.
7. Triturar los huevos con un tenedor.
8. Incorporar la mayonesa, el cebollino y la pimienta.
9. Untar la mezcla en el pan y cubrir con otro pan para hacer un sándwich.

Nutrición: Calorías 121 Grasas 20g Proteínas 9g

12. Bagel

Tiempo de preparación: 10 minutos
Tiempo de cocción: 15 minutos
Raciones: 4
Ingredientes:
- 125g de harina de uso general
- 2 cucharaditas de levadura en polvo
- ½ cucharadita de sal
- 296g de yogur griego descremado
- 1 huevo batido

Indicaciones
1. En un bol, mezclar todos los ingredientes.
2. Amasar la mezcla.
3. Dividir la masa en 4.
4. Enrollar en una cuerda gruesa y luego formar un bagel.
5. Pincelar la parte superior con huevo.
6. Elija el ajuste de horneado en el grill de la freidora de aire.
7. Prográmelo a 137 grados C.
8. Cocine durante 15 minutos.

Nutrición: Calorías 127 Grasas 29g Proteínas 12g

13. Omelet

Tiempo de preparación: 10 minutos
Tiempo de cocción: 10 minutos
Raciones: 4
Ingredientes:
- 2 huevos
- 60ml de leche
- 30g de jamón picado
- 18g de pimiento rojo picado

- 62g de queso cheddar
- Sal al gusto

Indicaciones

1. Batir los huevos en un bol.
2. Incorporar la leche.
3. Añadir el resto de los ingredientes.
4. Verter en una cacerola pequeña.
5. Añadir la sartén a la rejilla de la freidora de aire.
6. Elija la función de freír con aire.
7. Prográmelo a 176 grados C.
8. Cocine durante 10 minutos.

Nutrición: Calorías 139 Grasas 27g Proteínas 12g

14. Hash de boniato

Tiempo de preparación: 10 minutos
Tiempo de cocción: 15 minutos
Raciones: 6

Ingredientes:

- 2 batatas, cortadas en cubos
- 2 rebanadas de tocino, cortadas en cubos
- 2 cucharadas de aceite de oliva
- 1 cucharada de pimentón ahumado
- Sal y pimienta al gusto
- 1 cucharadita de eneldo seco

Indicaciones

1. Elija el ajuste de la freidora de aire.
2. Precaliéntelo a 200 grados C.
3. En un bol, combine todos los ingredientes.
4. Vierte en una sartén.
5. Colocar en la freidora de aire.
6. Cocinar durante 16 minutos, removiendo cada 3 minutos.

Nutrición: Calorías 132 Grasas 31g Proteínas 20g

15. Tocino y huevos

Tiempo de preparación: 10 minutos
Tiempo de cocción: 16 minutos
Raciones: 4

Ingredientes:

- 8 rebanadas de tocino
- 4 huevos estrellados
- 317g de aguacate, cortado en cubos

Indicaciones

1. Seleccione la función de freír al aire.
2. Precaliente su freidora de aire a 198 grados C.

3. Agregue las rebanadas de tocino a la rejilla de la freidora de aire.
4. Fría al aire durante 8 minutos por lado.
5. Servir las tiras de bacon crujiente con huevos y aguacate.

Nutrición: Calorías 135 Grasas 25g Proteínas 5g

16. Patatas de salchicha

Tiempo de preparación: 10 minutos
Tiempo de cocción: 10 minutos
Raciones: 4

Ingredientes:

- Spray para cocinar
- 340g de hamburguesas de salchicha
- 4 rebanadas de pan integral

Indicaciones

1. Prepara tu freidora de aire a 200°C.
2. Rocíe las hamburguesas de salchicha con aceite.
3. Agregue las hamburguesas de salchicha a la rejilla de la freidora de aire.
4. Cocine durante 5 minutos por cada lado.
5. Servir con rebanadas de pan integral.

Nutrición: Calorías 156 Grasas 19g Proteínas 6g

17. Hash Browns mexicanos

Tiempo de preparación: 15 minutos
Tiempo de cocción: 20 minutos
Raciones: 4

Ingredientes:

- 680g de patatas, cortadas en cubos
- 1 cebolla blanca, cortada en dados
- 1 pimiento rojo, cortado en dados
- 1 jalapeño, cortado en anillos
- 2 cucharadas de aceite de oliva
- ½ cucharadita de comino molido
- ½ cucharadita de condimento para tacos
- Sal y pimienta al gusto

Indicaciones

1. Seleccione la función de freír al aire en su freidora.
2. Ajústela a 160 grados C.
3. Combine todos los ingredientes en un bol.
4. Transfiera a un pequeño molde para hornear.
5. Añadir a la freidora de aire.

6. Cocinar durante 22 minutos, removiendo una o dos veces.

Nutrición: Calorías 144 Grasas 24g Proteínas 8g

18. Cazuela de huevos

Tiempo de preparación: 20 minutos
Tiempo de cocción: 15 minutos
Raciones: 4
Ingredientes:

- Spray de cocina
- 8 huevos, batidos
- 18g de cebolla blanca picada
- 1 pimiento verde picado
- 453g de salchicha molida, cocida
- 124g de queso cheddar, rallado
- Sal de ajo al gusto

Indicaciones
1. Rocía tu pequeño molde para hornear con aceite.
2. Combina los ingredientes en el molde para hornear.
3. Coloque dentro de la freidora de aire.
4. Elija el ajuste de freír con aire.
5. Cocine a 198C durante 15 minutos.

Nutrición: Calorías 139 Grasas 27g Proteínas 9g

19. Mordiscos de panza de cerdo

Tiempo de preparación: 15 minutos
Tiempo de cocción: 20 minutos
Raciones: 4
Ingredientes:

- 453g de panceta de cerdo, cortada en dados
- Sal y pimienta al gusto
- ½ cucharadita de ajo en polvo
- 1 cucharadita de salsa Worcestershire

Indicaciones
1. Seleccione el ajuste de parrilla en su freidora de aire.
2. Precaliéntela a 200 grados C.
3. Espolvoree la carne de cerdo con sal, pimienta, ajo en polvo y salsa Worcestershire.
4. Añadir a la freidora de aire.
5. Cocine a 200 grados C durante 20 minutos, volteando dos veces.

Nutrición: Calorías 129 Grasas 22g Proteínas 11g

20. Nuggets de tofu

Tiempo de preparación: 15 minutos
Tiempo de cocción: 25 minutos
Raciones: 4
Ingredientes:
Tofu

- 396g de tofu, cortado en cubos
- Spray de cocina
- 31g de harina
- 1 cucharadita de ajo en polvo
- ½ cucharadita de pimentón
- ½ cucharadita de comino molido
- Sal al gusto

Salsa

- 1 cucharada de aceite de aguacate
- 2 cucharadas de azúcar
- 3 cucharadas de salsa de soja
- 2 cucharadas de miel
- 1 cucharadita de ajo en polvo
- 1 cucharada de jengibre rallado
- Pimienta al gusto

Indicaciones
1. Rocía los cubos de tofu con aceite.
2. Mezclar el resto de los ingredientes en un bol.
3. Cubrir el tofu uniformemente con esta mezcla.
4. Añadir los cubos de tofu a la freidora de aire.
5. Ponerla a freír al aire.
6. Cocine a 176 grados C durante 10 minutos.
7. Revuelva y cocine durante 15 minutos.
8. En un bol, mezclar los ingredientes de la salsa.
9. Mezclar el tofu con la salsa y servir.

Nutrición: Calorías 138 Grasas 29g Proteínas 12g

21. Camarones con salsa para mojar

Tiempo de preparación: 15 minutos
Tiempo de cocción: 4 minutos
Raciones: 6
Ingredientes:

- 679g de camarones jumbo, pelados, desvenados y secados con palmaditas
- 2 cucharaditas de aceite de canola
- ¼ de cucharadita de pimentón

- Sal y pimienta negra molida, según sea necesario
- 119g de jalea de jalapeño caliente
- 115g de salsa de chile

Indicaciones:

1. Untar las gambas con aceite ligeramente y luego espolvorearlas con pimentón, sal y pimienta negra.
2. Coloque la bandeja de agua en la parte inferior del grill eléctrico Power XL.
3. Coloque unos 500ml de agua tibia en la bandeja de agua.
4. Coloque la bandeja de goteo sobre la bandeja de agua y luego, disponga la resistencia.
5. Ahora, coloque la bandeja de asar sobre la resistencia.
6. Enchufa el grill eléctrico Power XL y pulsa el botón de 'Power' para encenderlo.
7. A continuación, pulse el botón " Fan" (ventilador).
8. Ajuste la temperatura según las indicaciones del fabricante.
9. Cubra el grill con la tapa y deje que se precaliente.
10. Una vez precalentado, retire la tapa y engrase la bandeja de asar.
11. Coloca las gambas sobre la sartén de la parrilla.
12. Cubrir con la tapa y cocinar durante unos 2 minutos por lado.
13. Mientras tanto, en un bol, colocar la jalea de jalapeño y la salsa de chile y mezclar bien.
14. Servir los camarones calientes con la salsa para mojar.

Nutrición: Calorías 167 Grasas 3,5 g Proteínas 25,9 g

22. **Verduras a la parrilla condimentadas a la italiana**

Tiempo de preparación: 11 minutos
Tiempo de cocción: 8 minutos
Raciones: 8
Ingredientes:

- 1 calabacín cortado en trozos
- 1 calabaza, cortada en trozos
- 226g de champiñones de botón, cortados en cuartos
- 1 pimiento rojo picado
- 1 cebolla roja cortada en trozos
- 2 cucharadas de vinagre balsámico
- 4 cucharadas de aceite de oliva
- 2 cucharadas de condimento italiano
- 4 cucharadas de queso parmesano rallado
- Zumo de 1 limón
- ½ cucharadita de ajo en polvo

Indicaciones:

1. Precaliente su parrilla a fuego medio-alto.
2. En un bol, coloca todos los ingredientes, excepto el queso parmesano.
3. Con las manos, mezclar bien para que cada trozo de verdura se cubra con el aceite y el condimento.
4. Ensarta los trozos de verdura en brochetas de metal (También puedes usar unas de madera remojadas).
5. Cuando la parrilla esté lista, abre la tapa y coloca las brochetas en la placa inferior.
6. Sin tapar la tapa, cocine durante unos 4 minutos.
7. Dé la vuelta a las brochetas y cocine durante 3-4 minutos más.
8. Servir espolvoreado con queso parmesano y disfrutar.

Nutrición: Calorías 110 Grasas 8g Proteínas 3g

23. **Pinchos de coles de Bruselas**

Tiempo de preparación: 13 minutos
Tiempo de cocción: 7 minutos
Raciones: 8
Ingredientes:

- 24 Coles de Bruselas
- 2 cucharadas de Glaseado balsámico
- 4 cucharadas de Aceite de oliva
- ½ cucharadita de ajo en polvo
- Sal y pimienta, al gusto

Indicaciones:

1. Precaliente su parrilla a 190 grados C.
2. Mientras tanto, recorta las coles de Bruselas y córtalas por la mitad.
3. Ensartarlas en pinchos de madera o metal remojados.
4. Vierte el aceite de oliva y espolvorea con los condimentos.
5. Colocar en la placa inferior y cocinar sin tapar durante 4 minutos.

6. Dar la vuelta y cocinar otros 3 minutos aproximadamente.
7. Servir al gusto y disfrutar.

Nutrición: Calorías 92 Grasas 6g Proteínas 1g

24. Maíz en mazorca con mayonesa y parmesano

Tiempo de preparación: 9 minutos
Tiempo de cocción: 15 minutos
Raciones: 4
Ingredientes:
- 4 espigas de maíz
- 95g de Queso Parmesano rallado
- 122g de mayonesa
- Jugo de 1 limón
- 250g de crema agria
- ½ cucharadita de Pimienta de Cayena
- 4 cucharadas de Cilantro picado

Indicaciones:
1. Precaliente su parrilla a fuego medio-alto.
2. Limpia el maíz quitándole la cáscara y la seda.
3. Cuando la parrilla esté lista, abra la tapa y coloque el maíz sobre la placa inferior.
4. Cocine durante unos 10 a 15 minutos, girando de vez en cuando mientras se asa.
5. Mientras tanto, combine la crema agria, la mayonesa y el cilantro.
6. Pincelar el maíz asado con esta mezcla, y espolvorear generosamente con queso parmesano.
7. Rociar con el zumo de lima antes de servir. ¡Que lo disfrutes!

Nutrición: Calorías 428 Grasas 34g Proteínas 11g

25. Espárragos al estragón

Tiempo de preparación: 15 minutos
Tiempo de cocción: 4 minutos
Raciones: 4
Ingredientes:
- 907g de espárragos frescos, recortados
- 2 cucharadas de aceite de oliva
- 1 cucharadita de sal
- 1/2 cucharadita de pimienta negra
- 89g de miel
- 4 cucharadas de estragón fresco, picado

Indicaciones:

1. Condimentar generosamente los espárragos mezclándolos con aceite, sal, pimienta, miel y estragón.
2. Gire el mando "Selector" hacia el lado "Grill Panini".
3. Precaliente la parrilla inferior del grill eléctrico Power XL a 148 grados C y la placa superior del grill a fuego medio.
4. Una vez precalentado, abra la tapa y coloque los espárragos en el Griddler.
5. Cierre la tapa del grill y ase los espárragos durante 4 minutos.
6. Servir calientes.

Nutrición: Calorías 148 Grasas 15,7 g Proteínas 14,1 g

26. Verduras a la parrilla

Tiempo de preparación: 12 minutos
Tiempo de cocción: 8 minutos
Raciones: 2
Ingredientes:
- 1 berenjena en rodajas
- 1 calabacín en rodajas
- 1 cebolla en rodajas
- 2 cucharadas de aceite de oliva
- 1 cucharada de sal kosher
- 1 cucharada de pimienta negra

Indicaciones:
1. Mezclar y sazonar todas las rodajas de verduras con aceite, pimienta negra y sal.
2. Gire el mando "Selector" hacia el lado "Grill Panini".
3. Precaliente la parrilla inferior del grill eléctrico Power XL a 176 grados C y la placa superior del grill a fuego medio.
4. Una vez precalentado, abra la tapa y coloque las verduras en el Griddler.
5. Cierre la tapa del grill y ase las verduras durante 8 minutos hasta que estén ligeramente carbonizadas.
6. Servir caliente.

Nutrición: Calorías 246 Grasas 14,8g Proteínas 12,4g

27. Judías verdes glaseadas con mantequilla

Tiempo de preparación: 9 minutos
Tiempo de cocción: 5 minutos

Raciones: 4

Ingredientes:

- 453g de judías verdes frescas, recortadas
- 1/2 cucharadita de condimento cajún
- 1 cucharada de mantequilla derretida

Indicaciones:

1. Mezclar las judías verdes con la mantequilla y el condimento cajún en un bol.
2. Gire el mando "Selector" hacia el lado "Grill Panini".
3. Precaliente la parrilla inferior del grill eléctrico Power XL a 176 grados C y la placa superior del grill a fuego medio.
4. Una vez precalentado, abra la tapa y coloque las judías verdes en el Griddler.
5. Cierre la tapa del grill y ase las judías verdes durante 5 minutos.
6. Servir calientes.

Nutrición: Calorías 304 Grasas 30,6 g Proteínas 4,6 g

28. **Judías verdes con limón**

Tiempo de preparación: 15 minutos
Tiempo de cocción: 6 minutos
Raciones: 3

Ingredientes:

- 2 cucharadas de aceite de canola
- 2 dientes de ajo machacados
- 1 cucharadita de chile rojo en polvo
- Sal, según sea necesario
- 453g de espárragos frescos, recortados

Indicaciones:

1. Incorporar todos los ingredientes excepto el zumo de limón y mezclar para cubrir bien.
2. Coloque la bandeja de agua en la parte inferior del grill eléctrico Power XL.
3. Coloque unos 500ml de agua tibia en la bandeja de agua.
4. Coloque la bandeja de goteo sobre la bandeja de agua y luego coloque la resistencia.
5. Ahora, coloque la bandeja de asar sobre la resistencia.
6. Enchufe el grill eléctrico Power XL y pulse el botón "Power" para encenderlo.
7. A continuación, pulse el botón "Fan" (ventilador).
8. Ajuste la temperatura según las indicaciones del fabricante.

9. Cubra el grill con la tapa y deje que se precaliente.
10. Una vez precalentado, retire la tapa y engrase la bandeja de asar.
11. Coloca los espárragos sobre la sartén de la parrilla.
12. Cubrir con la tapa y cocinar durante unos 5-6 minutos, dándoles la vuelta de vez en cuando.
13. Pasar las judías verdes a un bol y rociarlas con zumo de limón.
14. Servir calientes.

Nutrición: Calorías 118 Grasas 9,7g Proteínas 3,6g

29. **Parmesan Zucchini**

Tiempo de preparación: 16 minutos
Tiempo de cocción: 7 minutos
Raciones: 4

Ingredientes:

- 3 calabacines medianos, cortados en rodajas de 1.2 cm
- 2 cucharadas de aceite de oliva virgen extra
- Sal y pimienta negra molida, según sea necesario
- 23g de queso parmesano rallado

Indicaciones:

1. Frota las rodajas de calabacín con aceite y luego espolvorea con sal y pimienta.
2. Coloque la bandeja de agua en la parte inferior del grill eléctrico Power XL.
3. Coloca unos 500ml de agua tibia en la bandeja de agua.
4. Coloque la bandeja de goteo sobre la bandeja de agua y luego coloque la resistencia.
5. Ahora, coloque la bandeja de asar sobre la resistencia.
6. Enchufe el grill eléctrico Power XL y pulse el botón "Power" para encenderlo.
7. A continuación, pulse el botón "Fan" (ventilador).
8. Ajuste la temperatura según las indicaciones del fabricante.
9. Cubra el grill con la tapa y deje que se precaliente.
10. Una vez precalentado, retire la tapa y engrase la bandeja de asar.
11. Coloca las rodajas de calabacín sobre la sartén para asar.

12. Cubrir con la tapa y cocinar durante unos 5-7 minutos, dando la vuelta una vez a mitad de camino.
13. Pasar las rodajas de calabacín a un plato y espolvorear con queso.
14. Servir inmediatamente.

Nutrición: Calorías 104 Grasas 8,6 g Proteínas 3,7 g

30. Cabeza de romana a la parrilla y aliñada

Tiempo de preparación: 18 minutos
Tiempo de cocción: 5 minutos
Raciones: 4
Ingredientes:
- 2 corazones de romana
- 60ml de aceite de oliva
- 2 Yemas de huevo
- 2 Dientes de Ajo Enteros
- ½ cucharadita de mostaza de Dijon
- 2 Anchoas
- 3 cucharadas de queso parmesano
- 4 cucharadas de zumo de limón
- Sal y pimienta al gusto

Indicaciones:
1. Precaliente su parrilla a temperatura media alta.
2. Coloca todos los ingredientes del aderezo en el tazón de tu procesador de alimentos.
3. Pulse hasta que esté suave y reserve.
4. Cuando la parrilla esté lista, abra la tapa y rocíe con un poco de aceite en aerosol.
5. Colocar el corazón de lechuga romana en la placa inferior y cocinar durante 3 minutos.
6. Dale la vuelta y cocina durante 2 minutos más.
7. Disponer en un plato grande de servir.
8. Rociar con el aderezo.
9. ¡Disfrutar!

Nutrición: Calorías 88 Grasas 4g Proteínas 2,5g

31. Tomates a la parrilla con ajo y parmesano

Tiempo de preparación: 8 minutos
Tiempo de cocción: 5 minutos
Raciones: 8
Ingredientes:
- 47g de queso parmesano rallado
- 8 tomates pequeños, cortados por la mitad
- 1 cucharadita de ajo en polvo
- 2 cucharadas de aceite de oliva
- ¼ cucharadita de cebolla en polvo
- Sal y pimienta, al gusto

Indicaciones:
1. Precaliente su parrilla a 176 grados C.
2. Revuelva el aceite, el ajo en polvo, la cebolla en polvo y la sal y la pimienta, en un bol.
3. Unte los tomates con esta mezcla.
4. Abrir la parrilla y disponer los tomates en el plato.
5. Cocinar durante 3 minutos, luego darle la vuelta y cocinar durante 2 minutos más.
6. Cubrir con el queso parmesano y cocinar un minuto más.
7. Servir y disfrutar.

Nutrición: Calorías 78 Grasas 5,6g Proteínas 3,4g

32. Brochetas de frutas

Tiempo de preparación: 10 minutos
Tiempo de cocción: 9 minutos
Raciones: 6
Ingredientes:
- 1 cucharada de mantequilla
- 100g de conservas de albaricoque
- 1 cucharada de agua
- 1/8 de cucharadita de canela molida
- 1/8 de cucharadita de nuez moscada molida
- 3 nectarinas, cortadas en cuartos
- 3 melocotones cortados en cuartos
- 3 ciruelas cortadas en cuartos
- 1 pan (304g) de pastel, cortado en cubos

Indicaciones:
1. Tomar los cinco primeros ingredientes en una cacerola pequeña y removerlos durante 3 minutos a fuego medio.
2. Ensartar alternativamente en las brochetas el bizcocho de libra y las frutas.
3. Pincelar estas brochetas con la mezcla de albaricoque.
4. Gire el mando "Selector" hacia el lado "Grill Panini".
5. Precaliente la parrilla inferior del grill eléctrico Power XL a 176 grados C y la placa superior del grill a fuego medio.

6. Una vez precalentado, abra la tapa y coloque las brochetas de fruta en el Griddler.
7. Cierre la tapa del grill y ase las brochetas durante 4-6 minutos hasta que estén ligeramente carbonizadas.
8. Servir.

Nutrición: Calorías 248 Grasas 15,7g Proteínas 14,1g

33. Fresas asadas cubiertas de chocolate

Tiempo de preparación: 8 minutos
Tiempo de cocción: 6 minutos
Raciones: 4
Ingredientes:
- 12 Fresas grandes
- 85g de chocolate
- 1 cucharada de mantequilla

Indicaciones:
1. Precaliente su parrilla a 176 grados C.
2. Limpie y descascare las fresas.
3. Cuando aparezca la luz verde, disponga las fresas en el plato.
4. Asar durante unos 6 minutos, rotando de vez en cuando para una cocción uniforme.
5. Derretir el chocolate y la mantequilla en el microondas. Remover para combinar.
6. Cubra las fresas asadas con el chocolate derretido y colóquelas en una bandeja.
7. Dejar que se endurezca antes de consumir.
8. ¡Disfruta!

Nutrición: Calorías 146 Grasas 8g Proteínas 1,4g

34. Piña

Tiempo de preparación: 8 minutos
Tiempo de cocción: 10 minutos
Raciones: 6
Ingredientes:
- 180ml de tequila
- 159g de azúcar moreno
- 1½ cucharaditas de extracto de vainilla
- ½ cucharadita de canela molida
- 1 piña grande, cortada en rodajas de 2.5cm de grosor

Indicaciones:
1. Colocar el tequila, el azúcar, la vainilla y la canela en un bol y mezclar bien.

2. Coloca la bandeja de agua en el fondo del grill eléctrico Power XL.
3. Coloca unos 500ml de agua tibia en la bandeja de agua.
4. Coloque la bandeja de goteo sobre la bandeja de agua y luego coloque la resistencia.
5. Ahora, coloque la bandeja de asar sobre la resistencia.
6. Enchufe el grill eléctrico Power XL y pulse el botón "Power" para encenderlo.
7. A continuación, pulse el botón "Fan" (ventilador).
8. Ajuste la temperatura según las indicaciones del fabricante.
9. Cubra el grill con la tapa y deje que se precaliente.
10. Una vez precalentado, retire la tapa y engrase la bandeja de asar.
11. Coloca las rodajas de piña sobre la sartén para asar.
12. Cubrir con la tapa y cocinar durante unos 10 minutos, volteando y rociando con la mezcla de tequila de vez en cuando.
13. Servir caliente.

Nutrición: Calorías 225 Grasas 0,2 gProteínas 0,8 g

35. Tortitas de calabaza con nueces

Tiempo de preparación: 8 minutos
Tiempo de cocción: 4 minutos
Raciones: 2
Ingredientes:
- 1 huevo, batido
- 47g de queso mozzarella rallado
- 2 cucharadas de harina para todo uso
- 1 cucharada de puré de calabaza sin azúcar
- 1 cucharadita de azúcar
- ¼ cucharadita de canela molida
- 2 cucharadas de nueces tostadas y picadas

Indicaciones:
1. Gire el mando "Selector" hacia el lado "Griddle".
2. Precaliente la placa inferior del Cuisine GR Griddler a 176 grados C.
3. En un bol, añada todos los ingredientes excepto las pacanas y bata hasta que estén bien combinados.
4. Incorporar las nueces.

5. Verter ½ de la mezcla en la plancha precalentada y cocinar durante unos 2 minutos por lado.
6. Cocinar más tortitas con el resto de la masa.
7. Servir calientes.

Nutrición: Calorías 148 Grasas 11,8 g Proteínas 6,7 g

36. Pinchos de fruta

Tiempo de preparación: 9 minutos
Tiempo de cocción: 6 minutos
Raciones: 4

Ingredientes:

- 1 Piña, cortada en trozos
- 12 Fresas, cortados por la mitad
- 2 Mangos, cortados en trozos
- 125ml de zumo de naranja
- 2 cucharadas de miel
- 1 cucharada de azúcar moreno
- 1 cucharada de mantequilla

Indicaciones:

1. Precaliente su parrilla a temperatura media alta.
2. Ensarta los trozos de fruta en las brochetas empapadas.
3. Abra la parrilla y coloque las brochetas en la placa inferior de la parrilla.
4. Cocine durante 3 minutos.
5. Dar la vuelta y cocinar durante 3 minutos más.
6. Mientras tanto, combinar los ingredientes restantes en una cacerola pequeña, y cocinar hasta que se espese ligeramente.
7. Rocíe sobre las brochetas de fruta y sirva. ¡Que aproveche!

Nutrición: Calorías 180 Grasas 4g Proteínas 2g

37. Melocotones a la parrilla con helado de vainilla

Tiempo de preparación: 7 minutos
Tiempo de cocción: 6 minutos
Raciones: 4

Ingredientes:

- 4 melocotones grandes
- 4 cucharadas de helado de vainilla
- 2 cucharaditas de miel
- 1 cucharada de mantequilla derretida

Indicaciones:

1. Precaliente su parrilla a temperatura media alta.
2. Corta los melocotones por la mitad y desecha el hueso.
3. Unte con mantequilla todos los lados y colóquelos sobre la rejilla inferior de la parrilla.
4. Cocine durante 3 minutos, luego déle la vuelta y cocine durante 3 minutos más.
5. Pasar a un plato para servir.
6. Esperar un minuto (para que el helado no se derrita inmediatamente), luego rociar con miel y añadir una bola de helado por encima.
7. ¡Disfruta!

Nutrición: Calorías 201 Grasas 4g Proteínas 3g

38. Brochetas de fruta a la parrilla

Tiempo de preparación: 18 minutos
Tiempo de cocción: 10 minutos
Raciones: 6

Ingredientes:

- 238g de piña, cortada en trozos de 2.5cm
- 1 plátano, cortado en trozos de 2.5cm
- 150g de melón, cortado en trozos de 2.5cm
- 211g de fresas frescas, descascaradas
- Aceite de coco en spray para cocinar
- 1 cucharada de sirope de arce

Indicaciones:

1. Ensartar los trozos de fruta alternativamente en las brochetas de madera previamente remojadas.
2. Rocíe con spray de cocina y luego rocíe con jarabe de arce.
3. Coloque la bandeja de agua en la parte inferior del grill eléctrico Power XL.
4. Coloque unos 500ml de agua tibia en la bandeja de agua.
5. Coloque la bandeja de goteo sobre la bandeja de agua y luego coloque la resistencia.
6. Ahora, coloque la bandeja de asar sobre la resistencia.
7. Enchufe el grill eléctrico Power XL y pulse el botón "Power" para encenderlo.
8. A continuación, pulse el botón 'Fan'.
9. Ajuste la temperatura según las indicaciones del fabricante.

10. Cubra el grill con la tapa y deje que se precaliente.
11. Una vez precalentado, retire la tapa y engrase la bandeja de asar.
12. Coloca las brochetas sobre la bandeja de asar.
13. Cubrir con la tapa y cocinar durante unos 10 minutos, dándole la vuelta de vez en cuando.
14. Servir inmediatamente.

Nutrición: Calorías 56 Grasas 0,2 g Proteínas 0,7 g

39. Rollos de malvavisco

Tiempo de preparación: 8 minutos
Tiempo de cocción: 5 minutos
Raciones: 2
Ingredientes:
- 1 tortilla de harina
- 1 puñado de mini malvaviscos
- 1 puñado de chips de chocolate
- 2 galletas graham

Indicaciones:
1. Extiende una lámina de 30x30 cm en una superficie de trabajo.
2. Colocar la tortilla sobre esta lámina y cubrirla con las galletas graham, las chispas de chocolate y los malvaviscos.
3. Enrolle la tortilla firmemente enrollando la lámina de papel de aluminio.
4. Gire el mando "Selector" hacia el lado "Grill Panini".
5. Precaliente la parrilla inferior del grill eléctrico Power XL a 148 grados C y la placa superior del grill a fuego medio.
6. Una vez precalentado, abra la tapa y coloque los envoltorios en el Griddler.
7. Cierre la tapa del grill y ase los wraps durante 5 minutos.
8. Desenvolver y cortar por la mitad.
9. Servir.

Nutrición: Calorías 495 Grasas 17,5 g Proteínas 17,4 g

40. Albaricoques con brioche

Tiempo de preparación: 18 minutos
Tiempo de cocción: 5 minutos
Raciones: 4
Ingredientes:
- 8 albaricoques maduros
- 2 cucharadas de mantequilla
- 2 cucharadas de azúcar
- 4 rebanadas de brioche
- 2 cucharadas de miel
- 317g de helado de vainilla

Indicaciones:
1. Mezclar las mitades de albaricoque con la mantequilla y el azúcar.
2. Gire el mando "Selector" hacia el lado "Grill Panini".
3. Precaliente la placa inferior del grill eléctrico Power XL a 176 grados C y la placa superior a fuego medio.
4. Una vez precalentado, abra la tapa y coloque las rebanadas de brioche en el Griddler.
5. Cierre la tapa de la plancha y ase el brioche durante 3 minutos.
6. Pasa las rebanadas asadas a un plato y resérvalas.
7. Ahora coloque las rodajas de albaricoque en la plancha, cierre la tapa y cocine durante 2 minutos.
8. Transfiera los albaricoques asados a las rebanadas de brioche y cubra con miel, azúcar y helado.
9. Servir.

Nutrición: Calorías 398 Grasas 13,8 g Proteínas 11,8 g

41. Gofres de suero de leche

Tiempo de preparación: 6 minutos
Tiempo de cocción: 15 minutos
Raciones: 5
Ingredientes:

- 2 huevos
- 250g de harina
- 2 cucharaditas de azúcar y extracto de vainilla
- 1 cucharadita de sal y bicarbonato
- 2 cucharaditas de levadura en polvo
- 500ml de suero de leche
- 119g de mantequilla

Indicaciones

1. Batir todos los ingredientes secos y luego los húmedos en un bol.
2. Precalentar la PowerXL Air Fryer Grill a 150C o 300F y hornear durante 3-4 minutos.

Nutrición: Calorías: 423 Proteínas: 9g Grasas: 23g

42. Bagel simple

Tiempo de preparación: 18 minutos
Tiempo de cocción: 12 minutos
Raciones: 4
Ingredientes:

- 125g de harina
- 1 clara de huevo batida
- 3 cucharaditas de sal
- 2 cucharaditas de levadura en polvo
- 259g de yogur.

Indicaciones

1. Incorporar todos los ingredientes para hacer la masa.
2. Amasar la masa hasta que esté pegajosa.
3. Hacer pequeñas bolas y pasar el rodillo para darles forma.
4. Espolvorear los aderezos si se desea.
5. Precalentar la PowerXL Air Fryer Grill a 190C o 375F y hornear durante 20-25 minutos.

Nutrición: Calorías: 152 Proteínas: 10g Grasas: 0,3g

43. Gofres de tocino con azúcar morena

Tiempo de preparación: 18 minutos
Tiempo de cocción: 25 minutos
Raciones: 7
Ingredientes:

- 7 rebanadas de tocino
- 375g de harina
- 1 cucharada de polvo de hornear
- 1 cucharadita de bicarbonato y sal
- 106g de azúcar moreno
- 4 huevos
- 2 cucharaditas de extracto de vainilla
- 157ml de aceite de semilla de uva
- 500ml de suero de leche

Indicaciones

1. Incorporar todos los ingredientes secos y luego los húmedos para hacer la masa.
2. Precaliente la PowerXL Air Fryer Grill a 180C o 350F
3. Engrase el molde para gofres, vierta la mezcla y hornee durante 15 minutos.

Nutrición: Calorías: 389 Proteínas: 18,4g Grasas: 23g

44. Galletas italianas de barquillo

Tiempo de preparación: 19 minutos
Tiempo de cocción: 12 minutos
Raciones: 4
Ingredientes:

- 500g de harina
- 239g de mantequilla
- 6 huevos
- 1 cucharadita de extracto de vainilla
- 250g de azúcar
- 1/4 de cucharadita de sal

Indicaciones

1. Batir los huevos hasta que estén espesos. Mezclar con la mantequilla derretida.
2. Mezclar el resto de los ingredientes para hacer la masa.
3. Precaliente la PowerXL Air Fryer Grill a 200C o 400F.
4. Hornee la masa en un molde para gofres durante 15-18 minutos.

Nutrición: Calorías: 132 Proteínas: 2g Grasas: 5g

45. Gofres de fresa y ricotta

Tiempo de preparación: 8 minutos
Tiempo de cocción: 12 minutos
Raciones: 2

Ingredientes:

- 250g de harina
- 1 cucharadita de bicarbonato, 2 cucharaditas de levadura en polvo
- 2 huevos
- 2 cucharadas de azúcar
- 1/2 cucharadita de extracto de vainilla
- 500ml de leche
- 60ml de aceite
- 66g de fresas cortadas en rodajas
- 59g de queso ricotta
- 2 cucharaditas de sirope de arce

Indicaciones

1. Precaliente la PowerXL Air Fryer Grill a 200C o 400F
2. Bata los ingredientes secos y húmedos de la masa.
3. Rellene la masa en el molde y hornee durante 12-15 minutos.
4. Mezclar la ricotta y la vainilla en un bol. Cubrir con la mezcla, el sirope y las fresas.

Nutrición: Calorías: 318 Proteínas: 11,9g Grasas: 13,6g

46. Bagel Brulee de piña

Tiempo de preparación: 6 minutos
Tiempo de cocción: 15 minutos
Raciones: 8

Ingredientes:

- 4 panecillos finos
- 4 cucharaditas de azúcar moreno
- 178g de queso crema bajo en grasa
- 8 rodajas de piña
- 3 cucharadas de almendras tostadas

Indicaciones

1. Precaliente la PowerXL Air Fryer Grill a 220C o 425F.
2. Hornea las rodajas de piña con azúcar moreno espolvoreado por encima.
3. Tostar los panecillos y aplicar el queso crema, las almendras y las piñas horneadas.

Nutrición: Calorías: 157 Proteínas: 5,6g Grasas: 6,4g

47. Huevo de oro Bagels

Tiempo de preparación: 4 minutos
Tiempo de cocción: 16 minutos
Raciones: 8

Ingredientes:

- 2 huevos
- 4 cucharaditas de levadura seca
- 500-625g de harina para todo uso
- 1 cucharada de aceite de canola y sal kosher
- 1-1/2 cucharadas de azúcar

Indicaciones

1. Batir los huevos, el azúcar, la levadura, el agua tibia y el aceite. Añadir la harina y la sal para preparar la masa.
2. Hacer una cuerda larga con la masa, cerrando los dos extremos.
3. Precalentar la PowerXL Air Fryer Grill a 2000C o 4000F.
4. Hervir los bagels en azúcar y sal durante 45 segundos.
5. Escurra los bagels, píntelos con la clara de huevo y hornéelos durante 15-20 minutos.

Nutrición: Calorías: 164 Proteínas: 6,6g Grasas: 2,1g.

48. Bagels de arándanos silvestres

Tiempo de preparación: 11 minutos
Tiempo de cocción: 5 minutos
Raciones: 1

Ingredientes:

- - 1 panecillo
- - 1 cucharada de queso crema bajo en grasa
- - 2 cucharadas de arándanos silvestres congelados
- - 1/4 cucharadita de canela

Indicaciones

1. Precaliente la PowerXL Air Fryer Grill a 190C o 375F
2. Tostar el panecillo durante 3-5 minutos.
3. Extienda el queso crema; añada la cobertura de arándanos y la canela.

Nutrición: Calorías: 155 Proteínas: 6g Grasas: 3,5g

49. Gofres del suroeste

Tiempo de preparación: 8 minutos

Tiempo de cocción: 6 minutos
Raciones: 4
Ingredientes:
- 1 huevo frito
- 1/4 de aguacate picado
- 1 gofre congelado
- 1 cucharada de salsa

Indicaciones
1. Precaliente la PowerXL Air Fryer Grill a 200C o 400F.
2. Hornee los gofres durante 5-7 minutos.
3. Añade aguacate, huevos fritos y salsa fresca como aderezos.

Nutrición: Calorías: 207 Proteínas: 9g Grasas: 12g

50. Bagels con especias de calabaza

Tiempo de preparación: 18 minutos
Tiempo de cocción: 12 minutos
Raciones: 2
Ingredientes:
- 1 huevo
- 125g de harina
- 1/2 cucharadita de especia de calabaza
- 148g de yogur griego

Indicaciones
1. Crear una masa con harina, especias para tartas, yogur y calabaza en una batidora de pie.
2. Dar forma a la masa en unas cuerdas y hacer bagels.
3. Aplicar la mezcla de huevo y agua sobre los bagels.
4. Precalentar la PowerXL Air Fryer Grill a 1900C o 3750F y hornear durante 20-25 minutos.

Nutrición: Calorías: 183 Proteínas: 9,4g Grasas: 2g.

51. Hash de desayuno de bacon, huevo y queso

Tiempo de preparación: 12 minutos
Tiempo de cocción: 35 minutos
Raciones: 4
Ingredientes:
- 2 rebanadas de tocino
- 4 patatas pequeñas
- 1/4 de tomate

- 1 huevo
- 23g de queso rallado

Indicaciones
1. Precaliente la PowerXL Air Fryer Grill a 200C o 400F en modo hornear. Coloque los trozos de tocino en un papel de aluminio de doble capa.
2. Corta las verduras para ponerlas sobre el bacon. Rompa un huevo por encima.
3. Forme un recipiente con el papel de aluminio y cocínelo en la PowerXL Air Fryer Grill a 1770C o 3500F durante 15-20 minutos. Poner un poco de queso rallado por encima.

Nutrición: Calorías: 150,5 Proteínas: 6g Grasas: 6g.

52. Hash del suroeste con huevos

Tiempo de preparación: 25 minutos
Tiempo de cocción: 45 minutos
Raciones: 4
Ingredientes:
- 453-226g de filete de cerdo
- 1 cucharadita de aceite vegetal
- 1 patata grande, pelada y cortada en cubos
- 1 cebolla mediana, picada
- 1 diente de ajo, picado
- 37g de pimiento verde picado
- 1 lata (400g) de tomates y chiles verdes picados
- 1 cubito de caldo de carne
- 1/2 cucharadita de comino molido
- 1/2 cucharadita de sal
- 1/4 cucharadita de pimienta
- 1/8 cucharadita de pimienta de cayena
- 4 huevos
- 186g de queso cheddar rallado
- 4 tortillas de maíz (15 cm)

Indicaciones
1. Cocinar la carne de cerdo en aceite hasta que se dore y añadir la patata, la cebolla, el ajo y el pimiento verde. Cocinar durante 4 minutos.
2. Incorporar los tomates, el caldo, el comino, la sal, la pimienta y la cayena. Cocinar a fuego lento hasta que las patatas estén tiernas.
3. Crear cuatro pozos dentro del hash y romper los huevos en ellos.

4. Hornéelo en la PowerXL Air Fryer Grill sin tapar durante 10-12 minutos a 177C o 350F y esparza un poco de queso por encima.
5. Servir sobre tortillas.

Nutrición: Calorías: 520 Proteínas: 49g Grasas: 23g

53. Salchichas e higos glaseados con arce

Tiempo de preparación: 18 minutos
Tiempo de cocción: 22 minutos
Raciones: 2

Ingredientes:
- 2 cucharadas de jarabe de arce
- 2 cucharadas de vinagre balsámico
- 2 paquetes (de 340g cada uno) de salchichas de pollo cocidas, cocidas con ajo
- 8 higos frescos completamente maduros, cortados a lo largo
- 1/2 cebolla dulce grande, picada
- 453-226g de Acelgas, con los tallos cortados y las hojas picadas
- 2 cucharaditas de aceite de oliva
- Sal y pimienta

Indicaciones
1. Precaliente el PowerXL Air Fryer Grill a 232C o 450F, mezcle el almíbar con 1 cucharada de vinagre en un bol pequeño. Ponga las salchichas con los higos en una bandeja de horno forrada con papel de aluminio de una sola capa.
2. Asar durante 8-10 minutos rozando la mezcla de almíbar durante toda la cocción.
3. Cocinar las cebollas en la PowerXL Air Fryer Grill en un bol con papel film durante 9 minutos.
4. Mezcle el aceite y el condimento con 1 cucharadita de vinagre. Sirva las acelgas con higos y salchichas.

Nutrición: Calorías: 450 Proteínas: 34g Grasas: 17g

54. Quiche de espárragos y puerros con gruyere

Tiempo de preparación: 18 minutos
Tiempo de cocción: 35 minutos
Raciones: 4

Ingredientes:
- Molde de tarta de 23 cm
- 1/2 cucharada de mantequilla sin sal
- 226g de espárragos, picados en trozos de 1.2 cm
- 1 puerro pequeño, de unos 56-85g, con las partes blancas y verdes claras
- Sal Kosher y pimienta negra recién molida
- 1/4 de hojas de tomillo fresco
- 125ml de leche entera con 127g de crema de leche
- 4 huevos grandes
- 119g de Gruyere picado

Indicaciones
1. Bata la leche y la crema de leche con los huevos en un tazón mediano.
2. Poner los espárragos y el puerro uniformemente en la cáscara. Echar la mezcla de nata por encima y espolvorear el queso picado de manera uniforme.
3. Precaliente la PowerXL Air Fryer Grill a 177C o 350F durante 25 minutos antes de colocar la quiche dentro.
4. Después de que la crema se cuaje por completo, ase durante 3-5 minutos para que se dore.

Nutrición: Calorías: 194 Proteínas: 5g Grasas: 15g

55. Cazuela para el brunch de las fiestas (Cazuela De Sémola)

Tiempo de preparación: 14 minutos
Tiempo de cocción: 26 minutos
Raciones: 4

Ingredientes:
- 1 Litro de agua
- 125g de sémola
- 1/2 cucharada de sal y pimentón
- 453g de salchicha
- 132g de margarina
- 113g de queso con ajo (poner 1 cucharada de ajo en el queso blanco)
- 125ml de leche
- 3 huevos

Indicaciones
1. Precaliente la PowerXL Air Fryer Grill a 190C o 375F.

2. Freír y escurrir la salchicha. Cocer la sémola en agua hirviendo con sal durante 5 minutos.

3. Remover la margarina y el queso hasta que se derrita antes de añadir la leche, los huevos y las salchichas, y mezclarlos bien. Viértalo en un molde de aluminio de 11 -3/4 x 9-3/8 x 1-1/2 ".

4. Hornee la mezcla a 1770C o 3500F durante 30-45 minutos.

5. Esparcir el pimentón sobre la cazuela y cubrirla con papel de aluminio.

Nutrición: Calorías: 403,2 Carbohidratos: 16,8g Proteínas: 16,5g

56. Almuerzo dominical "Watching Over the Bay" Benedict

Tiempo de preparación: 13 minutos
Tiempo de cocción: 7 minutos
Raciones: 2

Ingredientes:
- 4 Bays English Muffins cortados y tostados
- 4 huevos
- 453g de Pancetta, picada
- Pimentón ahumado
- Cilantro fresco
- Salsa holandesa
- Pimienta

Indicaciones
1. Ponga un panecillo en la PowerXL Air Fryer Grill en ambos lados de las placas.
2. Prepara la panceta crujiente en una sartén pequeña, cuece los huevos a la plancha y prepara la salsa holandesa al lado.
3. Poner la panceta uniformemente encima de los muffins, y los huevos a la plancha por encima de la panceta.
4. Poner la salsa holandesa por encima y espolvorear pimentón ahumado y cilantro recién picado.

Nutrición: Calorías: 560 Proteínas: 43g Grasas: 29g

57. Frittata fácil

Tiempo de preparación: 12 minutos
Tiempo de cocción: 58 minutos

Raciones: 6
Ingredientes:
- 8 huevos
- 1 cebolla picada
- 1 diente de ajo picado
- 75g de verduras
- 250g de salchicha o tocino picado
- 95g de queso rallado y 1 cucharadita de queso parmesano
- 250ml de leche
- 1 cucharada de harina
- Mantequilla
- Sal y pimienta

Indicaciones
1. Precaliente la PowerXL Air Fryer Grill a 232C o 450F. Saltee las cebollas en una sartén para ablandarlas.
2. Cocine el ajo y cualquier verdura con la carne.
3. Bata los huevos con la leche, la harina y el queso. Póngalos en una sartén con mantequilla y cocínelos durante veinte minutos. Espolvorear sal y pimienta por encima.

Nutrición: Calorías: 129 Carbohidratos: 2,8g Grasa: 9,6g.

58. Coles de Bruselas asadas a las hierbas

Tiempo de preparación: 18 minutos
Tiempo de cocción: 32 minutos
Raciones: 4
Ingredientes:
- 906g de Coles de Bruselas, cortadas
- 60ml de aceite de oliva
- Zumo de limón fresco
- 1 cucharadita de salvia fresca picada
- 2 cucharadas de hierbas de temporada mezcladas
- Sal y pimienta
- 37g de piñones
- 62g de Parmesano-Reggiano recién picado

Indicaciones
1. Precaliente la PowerXL Air Fryer Grill a 2040C o 4000F.

2. Cubra las coles de Bruselas con todos los ingredientes de manera uniforme en una bolsa de plástico.
3. Poner las coles de Bruselas dentro de una sartén enorme.
4. Asar durante 10 minutos dentro de la PowerXL Air Fryer Grill. Poner después queso, piñones y un poco de zumo de limón.

Nutrición: Calorías: 135 Proteínas: 3,9g Grasas: 9,8g

59. <u>Quiche vaquero</u>

Tiempo de preparación: 30 minutos
Tiempo de cocción: 60 minutos
Raciones: 8
Ingredientes:
- 1 patata roja con piel cortada (que sea corta)
- 1 cebolla picada
- 1/2 jalapeño con semillas picado
- 1 barra de mantequilla derretida
- 1 cucharadita de sal
- Pimienta negra
- 10 champiñones blancos, picados
- 5-7 tiras de tocino
- 125g de jamón en lonchas
- 1/2 pimiento rojo picado
- 1/2 pimiento verde picado
- 62g de Cheddar rallado
- 62g de Gruyere rallado
- 6 huevos
- 354ml de leche
- Medio litro de nata espesa
- 1 cucharadita de nuez moscada molida
- 2 masas de tarta sin hornear (de 23 cm)

Indicaciones
1. Precaliente la PowerXL Air Fryer Grill a 177C o 350F. Coloca las verduras en una bandeja llena de papel pergamino.
2. Poner un poco de mantequilla derretida con sal y pimienta sobre las verduras, y hornear durante 15 minutos.

3. Poner los champiñones por separado en una bandeja rellena de papel pergamino con mantequilla derretida por encima. Cocinar durante 5 minutos.
4. Cocinar las tiras de bacon en otra bandeja hasta que estén crujientes.
5. Ponga el jamón picado dentro de la PowerXL Air Fryer Grill y cocínelo todo bien.
6. Mezclar todos los ingredientes para que se integren correctamente.
7. Revuelva los huevos, la leche y la crema de leche por separado, agregue un poco de sal y pimienta negra con nuez moscada y mezcle adecuadamente.
8. Añadir los ingredientes en un molde que contenga la corteza cruda con la mezcla de huevos. Hornear durante 35 minutos.

Nutrición: Calorías: 257 Proteínas: 11,6g Grasas: 9g

60. <u>Huevos revueltos sencillos</u>

Tiempo de preparación: 9 minutos
Tiempo de cocción: 5 minutos
Raciones: 2
Ingredientes:
- 1/2 cucharada de mantequilla sin sal
- 2 huevos grandes
- 1 cucharada de agua sal kosher
- Pimienta fresca molida

Indicaciones
1. Precaliente la PowerXL Air Fryer Grill a 149C o 300F. Encienda el ventilador para la circulación del aire.
2. Poner los huevos sazonados en la sartén ligeramente engrasada y cubrir con papel de aluminio.
3. Cocine durante 9 minutos o hasta que los huevos estén cuajados
4. Utilizar una espátula para remover los huevos y raspar los lados.

Nutrición: Calorías: 149 Proteínas: 12g Grasas: 6,7g

RECETAS DE AVES DE CORRAL

61. Pollo a la Bruschetta

Tiempo de preparación: 10 minutos
Tiempo de cocción: 9 minutos
Raciones: 4
Ingredientes:
Relleno de Bruschetta:

- 1 tomate, cortado en dados
- 3 cucharadas de vinagre balsámico
- 1 cucharadita de condimento italiano
- 2 cucharadas de albahaca fresca picada
- 3 dientes de ajo picados
- 2 cucharadas de aceite de oliva virgen extra

Pollo:

- 4 (4 onzas / 113 g) pechugas de pollo deshuesadas y sin piel, cortadas en 4 cortes cada una
- 1 cucharadita de condimento italiano
- Condimento para pollo o aliño, al gusto
- Spray para cocinar

Indicaciones

1. Rocíe las rejillas de flujo de aire con spray de cocina.
2. Combine los ingredientes para el relleno de la bruschetta en un bol. Remover para mezclar bien. Ponga a un lado.
3. Frote las pechugas de pollo con el condimento italiano y el condimento para pollo en una superficie de trabajo limpia.
4. Colocar las pechugas de pollo, con las hendiduras hacia arriba, en las rejillas de ventilación y rociarlas con spray de cocina.
5. Deslice las rejillas en el horno de la freidora de aire. Pulse el botón de encendido. Cocine a 370°F (188°C) durante 10 minutos.
6. Dar la vuelta a la pechuga y rellenar las hendiduras con el relleno de bruschetta hasta la mitad.
7. Servir inmediatamente.

Nutrición: Calorías: 155 Proteínas: 19g Grasas: 6,7g

62. Solomillos de pollo con costra de queso y cacahuetes

Tiempo de preparación: 10 minutos
Tiempo de cocción: 12 minutos
Porción: 4
Ingredientes

- 45g de queso parmesano rallado
- ½ cucharadita de ajo en polvo
- 1 cucharadita de copos de pimienta roja
- 2 cucharadas de aceite de cacahuete
- 1½ libras (680 g) de lomos de pollo
- 2 cucharadas de cacahuetes tostados y picados
- Spray para cocinar

Indicaciones

1. Rocíe las rejillas de flujo de aire con spray de cocina.
2. Combine el queso parmesano, el ajo en polvo, los copos de pimienta roja, la sal, la pimienta negra y el aceite de cacahuete en un bol grande. Remover para mezclar bien.
3. Sumerja los lomos de pollo en la mezcla de queso y presione para cubrirlos bien. Sacudir el exceso.
4. Pasar los solomillos de pollo a las rejillas de aireación.
5. Deslice las rejillas en el horno de la freidora de aire. Pulse el botón de encendido. Cocine a 360°F (182°C) durante 12 minutos.
6. Dar la vuelta al solomillo a mitad de camino.
7. Al finalizar la cocción, el lomo debe estar bien dorado.
8. Pasar los solomillos de pollo a un plato grande y cubrir con cacahuetes tostados antes de servir.

Nutrición: Calorías: 161 Proteínas: 19g Grasas: 8g

63. Pechugas de pollo a la marinera con queso

Tiempo de preparación: 30 minutos
Tiempo de cocción: 1 hora
Porción: 2
Ingredient

- 1 huevo grande
- 125g de harina de almendra
- 2 mitades de pechuga de pollo deshuesada y sin piel (170 g)
- 1 tarro de salsa marinara (227 g), dividido

- 4 cucharadas de queso Mozzarella rallado, dividido
- 4 cucharadas de queso parmesano rallado, dividido
- 4 cucharadas de albahaca fresca picada, divididas
- Spray para cocinar

Indicaciones

1. Rocíe las rejillas de flujo de aire con spray de cocina.
2. En un recipiente poco profundo, batir el huevo.
3. En otro bol poco profundo, colocar la harina de almendras.
4. Sumerja una mitad de pechuga de pollo en el huevo y luego en la harina de almendras para cubrirla. Coloque el pollo recubierto en las rejillas de aire. Repetir con la mitad de pechuga de pollo restante.
5. Introduzca las rejillas en el horno de la freidora de aire. Pulse el botón de encendido. Cocine a 350ºF (180ºC) durante 40 minutos.
6. Después de 20 minutos, retire del horno de la freidora de aire y voltee el pollo. Vuelva a colocar las rejillas en el horno de la freidora de aire y continúe la cocción.
7. Cuando termine la cocción, el pollo ya no debe estar rosado y los jugos salen claros.
8. En una bandeja para hornear, vierta la mitad de la salsa marinara.
9. Colocar el pollo cocido en la salsa. Cubrir con el resto de la marinara.
10. Espolvorear 2 cucharadas de queso mozzarella y 2 cucharadas de queso parmesano de soja sobre cada pechuga de pollo. Cubrir cada una con 2 cucharadas de albahaca.
11. Vuelva a colocar la bandeja en el horno de la freidora de aire y cocine durante 20 minutos. Dale la vuelta al pollo a mitad del tiempo de cocción.
12. Cuando la cocción esté completa, un termómetro de lectura instantánea insertado en el centro del pollo debe indicar al menos 165ºF (74ºC).
13. Retirar la sartén del horno de la freidora y repartir en 2 platos. Salpimentar y servir.

Nutrición: Calorías: 146 Proteínas: 12g Grasas: 9g

64. Pizza de pepperoni y pollo con queso

Tiempo de preparación: 15 minutos
Tiempo de cocción: 15 minutos
Porción: 6

Ingredient

- 250g de pollo cocido, cortado en cubos
- 238g de salsa para pizza
- 20 rebanadas de pepperoni
- 23g de queso parmesano rallado
- 95g de queso Mozzarella rallado
- Spray para cocinar

Indicaciones

1. Rocía un molde para hornear con aceite en aerosol.
2. Coloque los cubos de pollo en el molde preparado, luego cubra los cubos con salsa de pizza y pepperoni. Remueva para cubrir los cubos y el pepperoni con la salsa. Esparza los quesos por encima.
3. Introduce la bandeja en el horno de la freidora de aire. Pulse el botón de encendido. Cocine a 375ºF (190ºC) durante 15 minutos.
4. Al finalizar la cocción, la pizza debe estar espumosa y los quesos deben estar derretidos.
5. Servir inmediatamente.

Nutrición: Calorías: 169 Proteínas: 16g Grasas: 11g

65. Hamburguesas de pavo con queso

Tiempo de preparación: 10 minutos
Tiempo de cocción: 25 minutos
Porción: 4

Ingredientes

- 2 cebollas amarillas medianas
- 1 cucharada de aceite de oliva
- 1½ cucharaditas de sal kosher, dividida
- 1¼ libra (567 g) de pavo molido
- 80g de mayonesa
- 1 cucharada de mostaza de Dijon
- 2 cucharaditas de salsa Worcestershire
- 4 rebanadas de queso Cheddar fuerte (113 g en total)
- 4 panes de hamburguesa, cortados en rodajas

Indicaciones

1. Recortar las cebollas y cortarlas por la mitad a través de la raíz. Cortar una de las mitades por la mitad. Rallar un cuarto. Colocar la cebolla rallada en un bol grande. Cortar las cebollas restantes en rodajas finas y colocarlas en un bol mediano con el aceite y ½ cucharadita de sal kosher. Mezclar para cubrir. Extienda las cebollas en una sola capa en una bandeja para hornear.
2. Coloque la bandeja en el horno de la freidora de aire. Pulse el botón de encendido. Cocine a 350°F (180°C) durante 10 minutos.
3. Mientras se cocinan las cebollas, añada el pavo a la cebolla rallada. Incorpore el resto de la sal kosher, la mayonesa, la mostaza y la salsa Worcestershire. Divida la mezcla en 4 hamburguesas, cada una de aproximadamente 1.9cm de grosor.
4. Cuando la cocción esté completa, retire del horno de la freidora de aire. Mueva las cebollas a un lado de la sartén y coloque las hamburguesas en la sartén. Pinche con el dedo en el centro de cada hamburguesa para hacer una hendidura profunda.
5. Introduzca la sartén en el horno de la freidora. Cocine durante 12 minutos.
6. Después de 6 minutos, retire la sartén. Dar la vuelta a las hamburguesas y remover las cebollas. Vuelva a introducirla en el horno de la freidora y continúe la cocción. Después de unos 4 minutos, retire la sartén y coloque las rodajas de queso sobre las hamburguesas. Vuelva al horno de la freidora de aire y continúe la cocción durante aproximadamente 1 minuto, o hasta que el queso se derrita y el centro de las hamburguesas haya alcanzado al menos 165°F (74°C) en un termómetro de carne.
7. Cuando la cocción esté completa, retire del horno de la freidora de aire. Cubra sin apretar las hamburguesas con papel de aluminio.
8. Coloque los panecillos, con el corte hacia arriba, en las rejillas de flujo de aire. Cocine durante 3 minutos. Compruebe los panecillos después de 2 minutos; deben estar ligeramente dorados.
9. Sacar los panecillos del horno de la freidora. Monte las hamburguesas y sírvalas.

Nutrición: Calorías: 161 Proteínas: 22g Grasas: 18g

66. Albóndigas de pollo y jamón con salsa de Dijon

Tiempo de preparación: 10 minutos
Tiempo de cocción: 15 minutos
Porción: 4

Ingredientes
Albóndigas:
- ½ libra (227 g) de jamón picado
- ½ libra (227 g) de pollo molido
- 47g de queso suizo rallado
- 1 huevo grande, batido
- 3 dientes de ajo picados
- 19g de cebollas picadas
- 1½ cucharaditas de sal marina
- 1 cucharadita de pimienta negra molida
- Spray para cocinar

Salsa de Dijon:
- 3 cucharadas de mostaza de Dijon
- 2 cucharadas de zumo de limón
- 60ml de caldo de pollo, calentado
- ¾ de cucharadita de sal marina
- ¼ de cucharadita de pimienta negra molida
- Hojas de tomillo fresco picadas, para decorar

Indicaciones
1. Rocíe las rejillas de flujo de aire con spray de cocina.
2. Incorpore los ingredientes para las albóndigas en un bol grande. Remover para mezclar bien y luego dar forma a la mezcla en doce albóndigas de 1½ pulgadas.
3. Disponga las albóndigas en las rejillas de flujo de aire.
4. Deslice las rejillas en el horno de la freidora de aire. Pulse el botón de encendido. Cocine a 390°F (199°C) durante 15 minutos.
5. Dar la vuelta a las bolas a mitad de camino.
6. Al finalizar la cocción, las bolas deben estar ligeramente doradas.
7. Mientras tanto, combinar los ingredientes, excepto las hojas de tomillo, para la salsa en un tazón pequeño. Remover para mezclar bien.
8. Pasar las albóndigas cocidas a un plato grande y rociar con la salsa. Adornar con las hojas de tomillo y servir.

Nutrición: Calorías: 170 Proteínas: 21g Grasas: 14g

67. Pollo y batata al curry

Tiempo de preparación: 10 minutos
Tiempo de cocción: 20 minutos
Porción: 4
Ingredient
- 1 lb. (454 g) de muslos de pollo deshuesados
- 1 cucharadita de sal kosher, dividida
- 59g de mantequilla sin sal, derretida
- 1 cucharada de curry en polvo
- 2 batatas medianas, peladas y cortadas en cubos de 2.5cm
- 340 g de coles de Bruselas, cortadas por la mitad

Indicaciones
1. Espolvorear los muslos de pollo con ½ cucharadita de sal kosher. Colóquelos en una sola capa en una bandeja para hornear.
2. Revuelve la mantequilla y el curry en polvo.
3. Colocar los boniatos y las coles de Bruselas en un bol grande. Rociar la mitad de la mantequilla de curry sobre las verduras y añadir el resto de la sal kosher. Remover para cubrirlas. Transfiera las verduras a la bandeja de hornear y colóquelas en una sola capa alrededor del pollo. Pincelar la mitad de la mantequilla de curry restante sobre el pollo.
4. Coloque la bandeja en el horno de la freidora de aire. Pulse el botón de encendido. Cocine a 400°F (205°C) durante 20 minutos.
5. Después de 10 minutos, sacar del horno de la freidora y dar la vuelta a los muslos de pollo. Bañarlos con el resto de la mantequilla de curry. Vuelva a ponerlos en el horno de la freidora de aire y continúe la cocción.
6. Cuando esté hecho, la temperatura interna debe ser de 165°F (74°C) en un termómetro de carne.

Nutrición: Calorías: 171 Proteínas: 19g Grasas: 11g

68. Sándwiches de chapata con pollo

Tiempo de preparación: 12 minutos
Tiempo de cocción: 13 minutos
Porción: 4
Ingredientes
- 2 (8 onzas / 227 g) pechugas de pollo deshuesadas y sin piel
- 1 cucharadita de sal kosher, dividida
- 125g de harina para todo uso
- 1 cucharadita de condimento italiano
- 2 huevos grandes
- 2 cucharadas de yogur natural
- 252g de pan rallado panko
- 126g de queso parmesano rallado
- 2 cucharadas de aceite de oliva
- 4 panecillos de chapata, partidos por la mitad
- 119g de salsa marinara
- 47g de queso mozzarella rallado

Indicaciones
1. Coloque las pechugas de pollo en una tabla de cortar y corte cada una de ellas por la mitad en paralelo a la tabla para tener 4 filetes bastante uniformes y planos. Coloque un trozo de papel de plástico sobre los trozos de pollo y utilice un rodillo para golpearlos suavemente hasta conseguir un grosor uniforme, de aproximadamente 1.2cm de grosor. Sazona el pollo por ambos lados con ½ cucharadita de sal kosher.
2. Colocar la harina en un plato y añadir el resto de la sal kosher y el condimento italiano. Mezclar con un tenedor para distribuir uniformemente. Revolver los huevos con el yogur. En un bol pequeño, combinar el panko, 95g de queso parmesano y el aceite de oliva. Coloque esto en un tazón poco profundo.
3. Rebozar ligeramente ambos lados de los trozos de pollo en la harina sazonada y, a continuación, sumergirlos en el lavado de huevos para cubrirlos por completo, dejando que el exceso escurra. Por último, empapar el pollo en el pan rallado. Colocar con cuidado los trozos de pollo empanados en las rejillas de aireación.
4. Deslice las rejillas en el horno de la freidora de aire. Presione el botón de encendido. Cocine a 375°F (190°C) durante 10 minutos.
5. Después de 5 minutos, retire las rejillas del horno de la freidora de aire. Déle la vuelta al pollo con cuidado. Vuelva a colocar las rejillas de flujo de aire en el horno de la freidora y continúe la cocción. Cuando termine la

cocción, retire las rejillas de flujo de aire del horno de la freidora.

6. Despliegue los panecillos en las rejillas de la freidora y unte cada mitad con 1 cucharada de salsa marinara. Coloque un trozo de pechuga de pollo en la parte inferior de los panecillos y espolvoree el resto del queso parmesano sobre los trozos de pollo. Repartir la mozzarella entre las mitades superiores de los bollos.

7. Introducir las rejillas en el horno de la freidora. Cocinar durante 3 minutos.

8. Compruebe los sándwiches a mitad de camino. Cuando la cocción esté completa, el queso Mozzarella debe estar derretido y burbujeante.

9. Retire las rejillas de flujo de aire del horno de la freidora de aire. Cierre los sándwiches y sírvalos.

Nutrición: Calorías: 122 Proteínas: 15g Grasas: 6g

69. Pollo Rochambeau con Salsa de Setas

Tiempo de preparación: 25 minutos
Tiempo de cocción: 30 minutos
Porción: 4
Ingredientes

- 1 cucharada de mantequilla derretida
- 31g de harina para todo uso
- 4 filetes de pollo, cortados por la mitad en sentido transversal
- 4 lonchas de jamón, de medio centímetro de grosor, lo suficientemente grandes como para cubrir un panecillo inglés
- 2 panecillos ingleses partidos por la mitad
- Sal y pimienta negra molida, al gusto
- Spray para cocinar

Salsa de setas:

- 2 cucharadas de mantequilla
- 30g de champiñones picados
- 37g de cebollas verdes picadas
- 2 cucharadas de harina
- 250ml de caldo de pollo
- 1½ cucharaditas de salsa Worcestershire
- ¼ de cucharadita de ajo en polvo

Indicaciones

1. Poner la mantequilla en un molde para hornear. Mezclar la harina, la sal y la pimienta negra molida en un plato llano. Pasa los filetes de pollo por encima para cubrirlos bien.

2. Disponer el pollo en la bandeja de horno y darle la vuelta para cubrirlo con la mantequilla derretida.

3. Introduzca la bandeja en el horno de la freidora de aire. Pulse el botón de encendido. Cocine a 390°F (199°C) durante 10 minutos.

4. Dale la vuelta a las carnes a mitad de camino.

5. Cuando la cocción esté completa, los jugos de los filetes de pollo deben salir claros.

6. Mientras tanto, hacer la salsa de champiñones: derretir 2 cucharadas de mantequilla en un cazo a fuego medio-alto.

7. Incorporar los champiñones y las cebollas a la cacerola y saltear durante 3 minutos o hasta que las cebollas estén translúcidas.

8. Mezclar suavemente la harina, el caldo, la salsa Worcestershire y el ajo en polvo hasta que quede suave.

9. Reducir el fuego a bajo y cocinar a fuego lento durante 5 minutos o hasta que tenga una consistencia espesa. Reservar la salsa hasta el momento de servir.

10. Cuando termine la cocción, retire la bandeja del horno de la freidora de aire y coloque las lonchas de jamón en las rejillas de flujo de aire.

11. Cocine durante 5 minutos. Dar la vuelta a las lonchas de jamón a mitad de camino.

12. Cuando la cocción haya finalizado, las lonchas de jamón deben estar bien calientes.

13. Retirar las lonchas de jamón del horno de la freidora de aire y colocar en las mitades de panecillos ingleses y calentar durante 1 minuto.

14. Extienda cada loncha de jamón sobre cada mitad de panecillo y, a continuación, coloque cada ternera de pollo sobre la loncha de jamón.

15. Transfiera al horno de la freidora de aire durante 2 minutos.

16. Servir con la salsa por encima.

Nutrición: Calorías: 175 Proteínas: 12g Grasas: 6,7g

70. Schnitzel de pollo

Tiempo de preparación: 15 minutos

Tiempo de cocción: 5 minutos
Porción: 4

Ingredientes

- 62g de harina común
- 1 cucharadita de mejorana
- ½ cucharadita de tomillo
- 1 cucharadita de copos de perejil seco
- ½ cucharadita de sal
- 1 huevo
- 1 cucharadita de zumo de limón
- 1 cucharadita de agua
- 126g de pan rallado
- 4 filetes de pollo, machacados finamente, cortados por la mitad a lo largo
- Spray para cocinar

Indicaciones

1. Rocíe las rejillas de flujo de aire con spray de cocina.
2. Combine la harina, la mejorana, el tomillo, el perejil y la sal en un plato llano. Remover para mezclar bien.
3. Batir el huevo con el zumo de limón y el agua en un bol grande. Verter el pan rallado en un plato llano aparte.
4. Pasar las mitades de pollo primero por la mezcla de harina, luego por la mezcla de huevo y después por el pan rallado para cubrirlas bien. Sacudir el exceso.
5. Colocar las mitades de pollo en las rejillas de ventilación y rociarlas con spray de cocina por ambos lados.
6. Deslice las rejillas en el horno de la freidora de aire. Pulse el botón de encendido. Cocine a 390°F (199°C) durante 5 minutos.
7. Voltee las mitades a mitad de camino.
8. Al finalizar la cocción, las mitades de pollo deben estar doradas y crujientes.
9. Servir inmediatamente.

Nutrición: Calorías: 133 Proteínas: 19g Grasas: 12g

71. Pollo Shawarma

Tiempo de preparación: 10 minutos
Tiempo de cocción: 18 minutos
Porción: 4

Ingredientes

- 1½ lb. (680 g) de muslos de pollo
- 1¼ cucharadita de sal kosher, dividida

- 2 cucharadas más 1 cucharadita de aceite de oliva, divididas
- 197g más 2 cucharadas de yogur griego natural, divididas
- 2 cucharadas de zumo de limón recién exprimido (aproximadamente 1 limón mediano)
- 4 dientes de ajo picados, divididos
- 1 cucharada de condimento para shawarma
- 4 panes de pita, cortados por la mitad
- 211g de tomates cherry
- ½ pepino pequeño, pelado, sin semillas y picado
- 1 cucharada de perejil fresco picado

Indicaciones

1. Sazona los muslos de pollo por ambos lados con 1 cucharadita de sal kosher. Colócalos en una bolsa de plástico resellable y resérvalos mientras preparas la marinada.
2. En un cuenco pequeño, mezclar 2 cucharadas de aceite de oliva, 2 cucharadas de yogur, el zumo de limón, 3 dientes de ajo y el condimento Shawarma hasta que estén bien combinados. Vierta la marinada sobre el pollo. Envuelva la bolsa, exprimiendo todo el aire posible. Y masajear el pollo para cubrirlo con la salsa. Reservar.
3. Envolver 2 panes de pita cada uno en dos trozos de papel de aluminio y colocarlos en una bandeja de horno.
4. Introduce la bandeja en el horno de la freidora de aire. Pulse el botón de encendido. Cocine a 300°F (150°C) durante 6 minutos.
5. Después de 3 minutos, retire del horno de la freidora de aire y dé la vuelta a los paquetes de papel de aluminio. Vuelva a colocar la freidora en el horno y continúe la cocción. Cuando termine la cocción, retire del horno de la freidora de aire y coloque las pitas envueltas en papel de aluminio en la parte superior del horno de la freidora de aire para mantenerlas calientes.
6. Saque el pollo de la marinada, dejando que el exceso gotee en la bolsa. Colóquelos en la bandeja de hornear. Coloque los tomates alrededor de los lados del pollo. Desechar la marinada.
7. 7. Introducir la bandeja en el horno de la freidora. Cocine durante 12 minutos.

8. Después de 6 minutos, sacar del horno de la freidora y dar la vuelta al pollo. Vuelva a introducirlo en el horno de la freidora de aire y continúe la cocción.

9. Envolver el pepino en una toalla de papel para eliminar la mayor cantidad de humedad posible. Colóquelos en un bol pequeño. Añadir el resto del yogur, la sal kosher, el aceite de oliva, el diente de ajo y el perejil. Batir hasta que se combinen.

10. Sacar la sartén del horno de la freidora de aire y colocar el pollo en una tabla de cortar. Cortar cada muslo en varios trozos. Desenvolver las pitas. Untar una cucharada de salsa en una mitad de pita. Añade un poco de pollo y agrega 2 tomates asados. Servir.

Nutrición: Calorías: 199 Proteínas: 22g Grasas: 6g

72. Pinchos de pollo con ensalada de maíz

Tiempo de preparación: 17 minutos
Tiempo de cocción: 10 minutos
Porción: 4
Ingredientes
- 1 lb. (454 g) de pechuga de pollo, cortada en trozos de 4 cm
- 1 pimiento verde, sin semillas y cortado en trozos de 2.5 cm
- 1 pimiento rojo, sin semillas y cortado en trozos de 2.5 cm
- 1 cebolla grande, cortada en trozos grandes
- 2 cucharadas de condimento para fajitas
- 3 cucharadas de aceite vegetal, divididas
- 2 cucharaditas de sal kosher, divididas
- 220g de maíz, escurrido
- ¼ de cucharadita de ajo granulado
- 1 cucharadita de jugo de limón recién exprimido
- 1 cucharada de mayonesa
- 3 cucharadas de queso parmesano rallado

Indicaciones
1. Colocar el pollo, los pimientos y la cebolla en un bol grande. Añade el condimento para fajitas, 2 cucharadas de aceite vegetal y 1½ cucharaditas de sal kosher. Revuelva para cubrir uniformemente.

2. Alterne el pollo y las verduras en las brochetas, haciendo unas 12 brochetas.

3. Coloque el maíz en un bol mediano y añada el aceite vegetal restante. Añada el resto de la sal kosher y el ajo, y revuelva para cubrir. Coloque el maíz en una capa uniforme en una bandeja para hornear y coloque las brochetas encima.

4. Deslice la bandeja en el horno de la freidora de aire. Pulse el botón de encendido. Cocine a 375ºF (190ºC) durante 10 minutos.

5. Después de unos 5 minutos, retire del horno de la freidora de aire y gire las brochetas. Vuelva a colocarlas en el horno de la freidora y continúe la cocción.

6. Cuando termine la cocción, retire del horno de la freidora. Coloque las brochetas en una fuente. Vuelva a poner el maíz en el bol y combínelo con el zumo de lima, la mayonesa y el queso parmesano. Remueve para mezclar bien. Sirve las brochetas con el maíz.

Nutrición: Calorías: 166 Proteínas: 17g Grasas: 11g

73. Muslos de pollo en gofres

Tiempo de preparación: 1 hora y 20 minutos
Tiempo de cocción: 20 minutos
Porción: 4
Ingredientes
Para el pollo:
- 4 muslos de pollo con piel
- 250ml de suero de leche bajo en grasa
- 62g de harina para todo uso
- ½ cucharadita de ajo en polvo
- ½ cucharadita de mostaza en polvo
- 1 cucharadita de sal kosher
- ½ cucharadita de pimienta negra recién molida
- 90g de miel, para servir
- Spray para cocinar

Para los gofres:
- 62g de harina de uso general
- 62g de harina integral de repostería
- 1 huevo grande, batido
- 250ml de suero de leche bajo en grasa
- 1 cucharadita de polvo de hornear
- 2 cucharadas de aceite de canola
- ½ cucharadita de sal kosher

- 1 cucharada de azúcar granulada

Indicaciones

1. Combine los muslos de pollo con el suero de leche en un bol grande. Envuelve el bol en plástico y refrigera para que se marine durante al menos una hora.
2. Rocíe las rejillas de flujo de aire con spray de cocina.
3. Combine la harina, la mostaza en polvo, el ajo en polvo, la sal y la pimienta negra en un plato llano. Remover para mezclar bien.
4. Saque los muslos del suero de leche y séquelos con toallas de papel. Reservar el bol de suero de leche.
5. Sumergir los muslos primero en la mezcla de harina, luego en el suero de leche y después en la mezcla de harina. Sacudir el exceso.
6. Colocar los muslos en las rejillas de ventilación y rociar con el spray de cocina.
7. Deslice las rejillas en el horno de la freidora de aire. Pulse el botón de encendido. Cocine a 360°F (182°C) durante 20 minutos.
8. Dar la vuelta a los muslos a mitad de camino.
9. Cuando la cocción esté completa, un termómetro de lectura instantánea insertado en la parte más gruesa de los muslos de pollo debe registrar al menos 165°F (74°C).
10. Mientras tanto, prepare los gofres: combine los ingredientes para los gofres en un bol grande. Remover para mezclar bien, luego disponer la mezcla en una gofrera y cocinar hasta que se forme un gofre dorado y fragante.
11. Sacar los gofres de la gofrera y cortarlos en 4 trozos. Sacar los muslos de pollo del horno de la freidora de aire y dejar que se enfríen durante 5 minutos.
12. Colocar cada muslo de pollo en cada trozo de gofre y rociar con 1 cucharada de miel. Servir caliente.

Nutrición: Calorías: 188 Proteínas: 21g Grasas: 9g

74. Muslos de pollo con ensalada de rábano

Tiempo de preparación: 10 minutos
Tiempo de cocción: 27 minutos
Porción: 4

Ingredientes

- 4 muslos de pollo con hueso y piel
- 1½ cucharadita de sal kosher, dividida
- 1 cucharada de pimentón ahumado
- ½ cucharadita de ajo granulado
- ½ cucharadita de orégano seco
- ¼ cucharadita de pimienta negra recién molida
- 135g de col rallada
- ½ cebolla roja pequeña, cortada en rodajas finas
- 4 rábanos grandes, cortados en juliana
- 3 cucharadas de vinagre de vino tinto
- 2 cucharadas de aceite de oliva
- Spray para cocinar

Indicaciones

1. Espolvorear la sal en los muslos de pollo por ambos lados con 1 cucharadita de sal kosher. En un bol pequeño, combine el pimentón, el ajo, el orégano y la pimienta negra. Espolvorear la mitad de esta mezcla sobre los lados de la piel de los muslos. Rocíe una bandeja para hornear con aceite en aerosol y coloque los muslos con la piel hacia abajo en la bandeja. Espolvorear el resto de la mezcla de especias sobre los otros lados de los trozos de pollo.
2. Introduzca la bandeja en el horno de la freidora de aire. Pulse el botón de encendido. Cocine a 375°F (190°C) durante 27 minutos.
3. Después de 10 minutos, retire del horno de la freidora de aire y dé la vuelta a los muslos de pollo. Vuelva a introducirlos en el horno de la freidora y continúe la cocción.
4. Mientras el pollo se cocina, coloca la col, la cebolla y los rábanos en un bol grande. Espolvorear con el resto de la sal kosher, el vinagre y el aceite de oliva. Mezclar para cubrir.
5. Después de otros 9 a 10 minutos, retire del horno de la freidora de aire y coloque los muslos de pollo en una tabla de cortar. Colocar la mezcla de col en la sartén y mezclar con la grasa del pollo y las especias.
6. Coloque la col en una capa uniforme en la sartén y ponga el pollo sobre ella, con la piel hacia arriba. Vuelva a ponerlo en el horno de la freidora de aire y continúe la cocción. Asar durante otros 7 u 8 minutos.

7. Cuando termine la cocción, la col estará empezando a estar tierna. Retirar del horno de la freidora. Probar y ajustar la sazón si es necesario. Servir.

Nutrición: Calorías: 187 Proteínas: 21g Grasas: 11g

75. Pollo con espárragos, judías y rúcula

Tiempo de preparación: 20 minutos
Tiempo de cocción: 25 minutos
Porción: 2

Ingredientes

- 200g de judías cannellini en lata, enjuagadas
- 1½ cucharadas de vinagre de vino tinto
- 1 diente de ajo picado
- 2 cucharadas de aceite de oliva virgen extra, divididas
- Sal y pimienta negra molida, al gusto
- ½ cebolla roja, cortada en rodajas finas
- 8 onzas (227 g) de espárragos, recortados y cortados en longitudes de 2.5cm
- 2 (8 onzas / 227 g) pechugas de pollo deshuesadas y sin piel, recortadas
- ¼ de cucharadita de pimentón
- ½ cucharadita de cilantro molido
- 2 onzas (57 g) de rúcula pequeña, enjuagada y escurrida

Indicaciones

1. Calentar las judías en el microondas durante 1 minuto y combinarlas con el vinagre de vino tinto, el ajo, 1 cucharada de aceite de oliva, ¼ de cucharadita de sal y ¼ de cucharadita de pimienta negra molida en un bol. Remover para mezclar bien.
2. Combinar la cebolla con 1/8 de cucharadita de sal, 1/8 de cucharadita de pimienta negra molida y 2 cucharaditas de aceite de oliva en un bol aparte. Remover para cubrir bien.
3. Colocar la cebolla en las rejillas de flujo de aire.
4. Deslice las rejillas en el horno de la freidora de aire. Pulse el botón de encendido. Cocine a 400°F (205°C) durante 2 minutos.
5. Después de 2 minutos, añada los espárragos durante 8 minutos. Revuelva la verdura a mitad de camino.

6. Al terminar la cocción, los espárragos deben estar tiernos.
7. Pasar la cebolla y los espárragos al bol con las judías. Apartar.
8. Mezclar las pechugas de pollo con el resto de ingredientes, excepto la rúcula baby, en un bol grande.
9. Colocar las pechugas de pollo en las rejillas de flujo de aire. Deslice las rejillas en el horno de la freidora de aire. Cocine durante 14 minutos. Dar la vuelta a las pechugas a mitad de camino.
10. Al finalizar la cocción, la temperatura interna del pollo alcanza al menos 165°F (74°C).
11. Retirar el pollo del horno de la freidora de aire y servirlo en un papel de aluminio con los espárragos, las judías, la cebolla y la rúcula. Espolvorear con sal y pimienta negra molida. Mezclar para servir.

Nutrición: Calorías: 166 Proteínas: 19g Grasas: 9g

76. Pollo con patatas y maíz

Tiempo de preparación: 10 minutos
Tiempo de cocción: 25 minutos
Porción: 4

Ingredientes

- 4 muslos de pollo con hueso y piel
- 2 cucharaditas de sal kosher, divididas
- 250ml de mezcla para hornear Bisquick
- 119g de mantequilla derretida, dividida
- 1 libra (454 g) de patatas rojas pequeñas, cortadas en cuartos
- 3 mazorcas de maíz, desgranadas y cortadas en rondas de 2 a 4 cm de grosor
- 83g de nata para montar
- ½ cucharadita de pimienta negra recién molida

Indicaciones

1. Sazone el pollo por todos los lados con 1 cucharadita de sal kosher. Coloque la mezcla para hornear en un plato poco profundo. Unte los muslos por todos los lados con 59g de mantequilla y luego páselos por la mezcla para hornear, cubriéndolos por todos los lados. Coloque el pollo en el centro de un molde para hornear.
2. Colocar las patatas en un bol grande con 2 cucharadas de mantequilla y mezclarlas para

cubrirlas. Colócalas a un lado del pollo en la sartén.

3. Colocar el maíz en un bol mediano y rociar con la mantequilla restante. Espolvorear con ¼ de cucharadita de sal kosher y remover para cubrir. Colocar en la sartén en el otro lado del pollo.

4. Deslice la sartén en el horno de la freidora de aire. Pulse el botón de encendido. Cocine a 375°F (190°C) durante 25 minutos.

5. Después de 20 minutos, retire del horno de la freidora de aire y transfiera las patatas de nuevo al recipiente. Vuelva a colocar el recipiente en el horno de la freidora de aire y continúe la cocción.

6. Mientras el pollo se sigue cocinando, añadir a las patatas la nata, la pimienta negra y el resto de la sal kosher. Aplastar ligeramente las patatas con un pasapurés.

7. Cuando la cocción esté completa, el maíz debe estar tierno y el pollo cocido, con una lectura de 165°F (74°C) en un termómetro de carne. Saque la sartén del horno de la freidora de aire y sirva el pollo con el puré de patatas y el maíz a un lado.

Nutrición: Calorías: 199 Proteínas: 24g Grasas: 6g

77. Muslos de pavo picantes de China

Tiempo de preparación: 10 minutos
Tiempo de cocción: 25 minutos
Porción: 6
Ingredientes
- 2 libras (907 g) de muslos de pavo
- 1 cucharadita de polvo de cinco especias chinas
- ¼ de cucharadita de pimienta de Sichuan
- 1 cucharadita de sal rosa del Himalaya
- 1 cucharada de vinagre de arroz chino
- 1 cucharada de mostaza
- 1 cucharada de salsa de chile
- 2 cucharadas de salsa de soja
- Spray para cocinar

Indicaciones
1. Rocíe las rejillas de flujo de aire con spray de cocina.

2. Frote los muslos de pavo con polvo de cinco especias, pimienta de Sichuan y sal en una superficie de trabajo limpia.

3. Coloque los muslos de pavo en las rejillas de flujo de aire y rocíelos con spray de cocina.

4. Introduzca las rejillas en el horno de la freidora de aire. Pulse el botón de encendido. Cocine a 360°F (182°C) durante 22 minutos.

5. Voltee los muslos al menos tres veces durante la cocción.

6. Al finalizar la cocción, los muslos deben estar bien dorados.

7. Mientras tanto, calentar el resto de los ingredientes en una cacerola a fuego medio-alto. Cocinar durante 3 minutos o hasta que la salsa se espese y se reduzca a dos tercios.

8. Pasar los muslos a un plato y rociar con la salsa antes de servir.

Nutrición: Calorías: 194 Proteínas: 19g Grasas: 6g

78. Gallinas criollas

Tiempo de preparación: 10 minutos
Tiempo de cocción: 40 minutos
Porción: 4
Ingredientes
- ½ cucharada de condimento criollo
- ½ cucharada de ajo en polvo
- ½ cucharada de cebolla en polvo
- ½ cucharada de pimienta negra recién molida
- ½ cucharada de pimentón
- 2 cucharadas de aceite de oliva
- 2 gallinas de Cornualles
- Spray para cocinar

Indicaciones
1. Rocíe las rejillas de flujo de aire con spray de cocina.

2. En un bol pequeño, mezclar el condimento criollo, el ajo en polvo, la cebolla en polvo, la pimienta y el pimentón.

3. Seque las gallinas de Cornualles y úntelas con el aceite de oliva. Frote cada gallina con la mezcla de condimentos. Colocar las gallinas de Cornualles en las rejillas de aireación.

4. Pulse el botón de encendido. Cocine a 375°F (190°C) durante 30 minutos.

5. Después de 15 minutos, retire del horno de la freidora de aire. Déle la vuelta a las gallinas y úntelas con la grasa que se haya acumulado en

el cajón inferior de la freidora. Vuelva al horno de la freidora de aire y continúe la cocción.

6. Cuando la cocción esté completa, un termómetro insertado en la parte más gruesa de las gallinas debe alcanzar al menos 165°F (74°C).
7. Dejar reposar 10 minutos antes de trinchar.

Nutrición: Calorías: 144 Proteínas: 19g Grasas: 9g

79. Piel de pollo crujiente

Tiempo de preparación: 5 minutos
Tiempo de cocción: 6 minutos
Porción: 4

Ingredientes

- 454 g de piel de pollo, cortada en rodajas
- 1 cucharadita de mantequilla derretida
- ½ cucharadita de copos de chile triturados
- 1 cucharadita de eneldo seco
- Sal y pimienta negra molida, al gusto

Indicaciones

1. Incorporar todos los ingredientes. Mezclar para cubrir bien la piel del pollo.
2. Pasar la piel a las rejillas de aireación.
3. Deslice las rejillas en el horno de la freidora de aire. Pulse el botón de encendido. Cocine a 360°F (182°C) durante 6 minutos.
4. Remover la piel a mitad de camino.
5. Al finalizar la cocción, la piel debe estar crujiente.
6. Servir inmediatamente.

Nutrición: Calorías: 179 Proteínas: 16g Grasas: 6,7g

80. Cuartos de pierna de pato fritos

Tiempo de preparación: 5 minutos
Tiempo de cocción 45 minutos
Porción: 4

Ingredientes

- 4 (½-libra / 227-g) cuartos de pierna de pato con piel
- 2 dientes de ajo medianos, picados
- ½ cucharadita de sal
- ½ cucharadita de pimienta negra molida

Indicaciones

1. Rocíe las rejillas de flujo de aire con spray de cocina.
2. En una superficie de trabajo limpia, frote los cuartos de muslo de pato con ajo, sal y pimienta negra.
3. Colocar los cuartos de pata en las rejillas de ventilación y rociar con el spray de cocina.
4. Introduzca las rejillas en el horno de la freidora de aire. Pulse el botón de encendido. Cocine a 300°F (150°C) durante 30 minutos.
5. Después de 30 minutos, retire del horno de la freidora. Voltee los cuartos de pierna. Aumente la temperatura a 375°F (190°C) durante 15 minutos. Volver al horno de la freidora de aire y continuar la cocción.
6. Cuando termine la cocción, los cuartos de pierna deben estar bien dorados y crujientes.
7. Sacar los cuartos de muslo de pato del horno de la freidora y dejar que se enfríen durante 10 minutos antes de servirlos.

Nutrición: Calorías 155 Proteínas: 19g Grasas: 8g

81. Pechugas de pavo

Tiempo de preparación: 5 minutos
Tiempo de cocción: 1 hora
Raciones: 4

Ingredientes:

- Pechuga de pavo deshuesada - 1.3 kg.
- Mayonesa – 60g
- Condimento para aves de corral - 2 cucharaditas
- Sal y pimienta al gusto
- Ajo en polvo - 1/2 cucharadita

Indicaciones:

1. Precaliente la freidora de aire a 182C. Sazone el pavo con mayonesa, condimento, sal, ajo en polvo y pimienta negra. Cocine el pavo en la freidora de aire durante 1 hora a 182C.
2. Girar cada 15 minutos. El pavo está hecho cuando alcanza 74C.

Nutrición: Calorías 558 Grasas 18g Proteínas 98g

82. Pechugas de pollo a la barbacoa

Tiempo de preparación: 5 minutos

Tiempo de cocción: 15 minutos
Raciones: 4

Ingredientes:

- Pechuga de pollo deshuesada y sin piel - 4, de unos 170g cada una
- Condimento para barbacoa - 2 cucharadas
- Spray para cocinar

Indicaciones:

1. Frote el pollo con el condimento de barbacoa y déjelo marinar en la nevera durante 45 minutos. Precaliente la freidora de aire a 204C. Engrase la cesta con aceite y coloque el pollo.
2. A continuación, rocíe aceite por encima. Cocine durante 13 a 14 minutos. Voltear a la mitad del tiempo. Servir.

Nutrición: Calorías 131 Grasas 3g Proteínas 24g

83. **Pollo asado**

Tiempo de preparación: 5 minutos
Tiempo de cocción: 1 hora
Raciones: 4

Ingredientes:

- Pollo entero - 1, limpiado y secado con palmaditas
- Aceite de oliva - 2 cucharadas
- Sal sazonada - 1 cucharada.

Indicaciones:

1. Retirar el paquete de menudencias de la cavidad. Frote el pollo con aceite y sal. Coloque en la cesta de la freidora de aire, con la pechuga hacia abajo. Cocine a 176C durante 30 minutos.
2. A continuación, déle la vuelta y cocine otros 30 minutos. El pollo está hecho cuando alcanza 73C.

Nutrición: Calorías 534 Grasas 36g Proteínas 35g

84. **Pechugas de pollo con miel y mostaza**

Tiempo de preparación: 5 minutos
Tiempo de cocción: 25 minutos
Raciones: 6

Ingredientes:

- Pechugas de pollo deshuesadas y sin piel - 6 (170g, cada una)

- Romero fresco: 2 cucharadas picadas
- Miel - 3 cucharadas
- Mostaza de Dijon - 1 cucharada
- Sal y pimienta al gusto

Indicaciones:

1. Combinar la mostaza, la miel, la pimienta, el romero y la sal en un bol. Frote el pollo con esta mezcla.
2. Engrase la cesta de la freidora con aceite. Fría el pollo a 176C durante 20 a 24 minutos o hasta que el pollo alcance 73C. Sirva.

Nutrición: Calorías 236 Grasa 5g Proteína 38g

85. **Alitas de pollo a la parmesana**

Tiempo de preparación: 5 minutos
Tiempo de cocción: 15 minutos
Raciones: 4

Ingredientes:

- Alitas de pollo – 907g. cortadas en tamborcillos, secadas con palmaditas
- Parmesano – 47g, más 6 cucharadas ralladas
- Hierbas de Provenza - 1 cucharadita
- Pimentón - 1 cucharadita
- Sal al gusto

Indicaciones:

1. Combine el parmesano, las hierbas, el pimentón y la sal en un bol y frote el pollo con esta mezcla. Precaliente la freidora de aire a 176C.
2. Engrasar la cesta con spray de cocina. Cocine durante 15 minutos. Déle la vuelta una vez a la mitad del tiempo. Adorne con parmesano y sirva.

Nutrición: Calorías 490 Grasas 22g Proteínas 72g

86. **Pollo para freír al aire**

Tiempo de preparación: 5 minutos
Tiempo de cocción: 30 minutos
Raciones: 4

Ingredientes:

- Alitas de pollo - 907g.
- Sal y pimienta al gusto
- Spray para cocinar

Indicaciones:

1. Sazone las alitas de pollo con sal y pimienta. Engrase la cesta de la freidora de aire con spray para cocinar. Agregue las alitas de pollo y cocine a 200C durante 35 minutos.
2. Déle la vuelta 3 veces durante la cocción para que se cocinen de manera uniforme. Sirva.

Nutrición: Calorías 277 Grasa 8g Proteína 50g

87. Pollo entero

Tiempo de preparación: 5 minutos
Tiempo de cocción: 40 minutos
Raciones: 6
Ingredientes:
- Pollo entero - 1 (1Kg) lavado y secado a palmaditas
- Aliño seco - 2 cucharadas
- Sal - 1 cucharadita.
- Spray de cocina

Indicaciones:
1. Precaliente la freidora de aire a 176C. Unte el pollo con los aliños secos. Luego frote con sal. Cocínelo a 176C durante 45 minutos. Después de 30 minutos, voltee el pollo y termine de cocinarlo.
2. El pollo está hecho cuando alcanza 73C.

Nutrición: Calorías 412 Grasas 28g Proteínas 35g

88. Pechugas de pato a la miel

Tiempo de preparación: 5 minutos
Tiempo de cocción: 25 minutos
Raciones: 2

Ingredientes:
- Pechuga de pato ahumada - 1, cortada por la mitad
- Miel - 1 cucharadita
- Pasta de tomate - 1 cucharadita
- Mostaza - 1 cucharada
- Vinagre de manzana - 1/2 cucharadita

Indicaciones:
1. Mezclar la pasta de tomate, la miel, la mostaza y el vinagre en un bol. Batir bien. Añadir los trozos de pechuga de pato y cubrirlos bien. Cocinar en la freidora de aire a 187C durante 15 minutos.
2. Sacar la pechuga de pato de la freidora y añadirla a la mezcla de miel. Recubrir de nuevo. Cocinar de nuevo a 187C durante 6 minutos. Servir.

Nutrición: Calorías 274 Grasas 11g Proteínas 13g

89. Pollo cremoso al coco

Tiempo de preparación: 5 minutos
Tiempo de cocción: 20 minutos
Raciones: 4
Ingredientes:
- Muslos de pollo grandes - 4
- Cúrcuma en polvo - 5 cucharaditas.
- Jengibre - 2 cucharadas ralladas
- Sal y pimienta negra al gusto
- Crema de coco - 4 cucharadas.

Indicaciones:
1. En un bol, mezclar la sal, la pimienta, el jengibre, la cúrcuma y la nata. Bata. Añada los trozos de pollo, cúbralos y déjelos marinar durante 2 horas.
2. Transfiera el pollo a la freidora de aire precalentada y cocine a 187C durante 25 minutos. Servir.

Nutrición: Calorías 300 Grasa 4g Proteína 20g

90. Terneras de pollo a la búfala

Tiempo de preparación: 5 minutos
Tiempo de cocción: 20 minutos
Raciones: 4
Ingredientes:
- Filetes de pollo deshuesados y sin piel - 453g
- Salsa picante - 50g
- Cortezas de cerdo - 42g, finamente molidas
- Chili en polvo - 1 cucharadita
- Ajo en polvo - 1 cucharadita

Indicaciones:
1. Mezclar las pechugas de pollo con la salsa picante por encima. Revuelva para cubrirlas. Mezclar el chicharrón molido, el chile en polvo y el ajo en polvo en otro bol.
2. Colocar cada tierno en el chicharrón molido y cubrirlo bien. Con las manos mojadas, presionar los chicharrones en el pollo. Coloque los tiernos en una sola capa en la cesta de la freidora de aire. Cocine a 190C

durante 20 minutos. Déle la vuelta una vez. Sirva.

Nutrición: Calorías 160 Grasas 4,4g Proteínas 27,3g

91. <u>Alitas Teriyaki</u>

Tiempo de preparación: 5 minutos
Tiempo de cocción: 20 minutos
Raciones: 4
Ingredientes:

- Alitas de pollo – 907g
- Salsa Teriyaki – 119g
- Ajo picado - 2 cucharaditas
- Jengibre molido - ¼ cucharadita
- Polvo para hornear - 2 cucharaditas

Indicaciones:

1. Excepto el polvo de hornear, coloque todos los ingredientes en un bol y déjelos marinar durante 1 hora en la nevera. Colocar las alitas en la cesta de la freidora de aire y espolvorear con el polvo de hornear.
2. Frote suavemente las alas. Cocine a 200C durante 25 minutos. Agite la cesta dos o tres veces durante la cocción. Sirva.

Nutrición: Calorías 446 Grasas 29,8g Proteínas 41,8g

92. <u>Palitos de limón</u>

Tiempo de preparación: 5 minutos
Tiempo de cocción: 20 minutos
Raciones: 2
Ingredientes:

- Polvo de hornear - 2 cucharaditas
- Ajo en polvo - 1/2 cucharadita.
- Muslos de pollo - 8
- Mantequilla salada - 4 cucharadas derretidas
- Condimento de pimienta de limón - 1 cucharada.

Indicaciones:

1. Espolvoree el ajo en polvo y la levadura en polvo sobre los muslos y frótelos en la piel del pollo. Coloque los muslos en la cesta de la freidora. Cocine a 190C durante 25 minutos. Voltee los muslos una vez a la mitad del tiempo de cocción.

2. Retire cuando estén cocidos. Mezcle el condimento y la mantequilla en un bol. Agregue los muslos al tazón y revuélvalos para cubrirlos. Servir.

Nutrición: Calorías 532 Grasas 32,3g Proteínas 48,3g

93. <u>Terneras de pollo a la parmesana</u>

Tiempo de preparación: 5 minutos
Tiempo de cocción: 10 minutos
Raciones: 4
Ingredientes:

- Lomos de pollo de 453g
- 3 claras de huevo grandes
- 62g de pan rallado al estilo italiano
- 23g de queso parmesano rallado

Indicaciones:

1. Preparar los ingredientes. Rocíe la cesta de la freidora de aire Cuisinart con aceite de oliva. Quitar la grasa blanca de los filetes de pollo. Bata las claras de huevo hasta que estén espumosas. En un tazón pequeño separado, combine el pan rallado y el queso parmesano. Mezclar bien.
2. Sumergir los filetes de pollo en la mezcla de huevo y luego en el parmesano y el pan rallado. Sacudir el exceso de empanado. Coloque los filetes de pollo en la cesta engrasada de la freidora de aire Cuisinart en una sola capa. Rocíe generosamente el pollo con aceite de oliva para evitar el empanado en polvo y sin cocer.
3. Freír con aire. Ajuste la temperatura de su Cuisinart AF a 187°C. Programe el temporizador y hornee durante 4 minutos. Con unas pinzas, dé la vuelta a los filetes de pollo y hornee durante 4 minutos más. Compruebe que el pollo ha alcanzado una temperatura interna de 73°C. Añada tiempo de cocción si es necesario. Una vez que el pollo esté completamente cocido, emplate, sirva y disfrute.

Nutrición: Calorías: 210 Grasas: 4g Proteínas: 33g

94. <u>Muslos de pollo al limón fáciles de preparar</u>

Tiempo de preparación: 5 minutos

Tiempo de cocción: 10 minutos
Raciones: 4

Ingredientes:

- Sal y pimienta negra al gusto
- 2 cucharadas de aceite de oliva
- 2 cucharadas de condimento italiano
- 2 cucharadas de zumo de limón recién exprimido
- 1 limón en rodajas

Indicaciones:

1. Sazonar los muslos de pollo con la sal y la pimienta. Añadir el aceite de oliva, el condimento italiano y el zumo de limón y mezclar hasta que los muslos de pollo estén bien cubiertos de aceite. Añada los limones en rodajas. Coloque los muslos de pollo en la cesta de la freidora de aire en una sola capa.
2. Ajuste la temperatura de su AF a 176°C. Programe el temporizador y cocine durante 10 minutos. Con unas pinzas, déle la vuelta al pollo. Vuelva a programar el temporizador y cocine durante 10 minutos más. Compruebe que el pollo ha alcanzado una temperatura interna de 73°C. Añada tiempo de cocción si es necesario. Una vez que el pollo esté completamente cocido, emplate, sirva y disfrute.

Nutrición: Calorías 325 Grasas 26g Proteínas 20g

95. Pechugas de pollo a la parrilla en la freidora

Tiempo de preparación: 5 minutos
Tiempo de cocción: 14 minutos
Raciones: 4

Ingredientes

- 1/2 cucharadita de ajo en polvo
- sal y pimienta negra al gusto
- 1 cucharadita de perejil seco
- 2 cucharadas de aceite de oliva, divididas
- 3 pechugas de pollo deshuesadas y sin piel

Indicaciones:

1. Preparar los ingredientes. En un bol pequeño, combine el ajo en polvo, la sal, la pimienta y el perejil. Con 1 cucharada de aceite de oliva y la mitad de la mezcla de condimentos, unte cada pechuga de pollo con el aceite y los condimentos. Coloque la pechuga de pollo en la cesta de la freidora de aire.
2. Freír al aire. Ajuste la temperatura de su Cuisinart AF a 187°C. Programe el temporizador y ase durante 7 minutos.
3. Con unas pinzas, dé la vuelta al pollo y úntelo con el resto del aceite de oliva y las especias. Vuelva a programar el temporizador y ase durante 7 minutos más. Compruebe que el pollo ha alcanzado una temperatura interna de 73°C. Agregue el tiempo de cocción si es necesario.
4. Cuando el pollo esté cocido, páselo a una fuente y sírvalo.

Nutrición: Calorías 182 Grasas 9g Proteínas 26g

96. Pollo perfecto a la parmesana

Tiempo de preparación: 5 minutos
Tiempo de cocción: 25 minutos
Raciones: 2

Ingredientes:

- 2 pechugas de pollo grandes de carne blanca, de aproximadamente 141-170g
- 126g de pan rallado (la marca Panko funciona bien)
- 2 huevos medianos
- Una pizca de sal y pimienta
- 1 cucharada de orégano seco
- 230g de salsa marinara
- 2 rebanadas de queso provolone
- 1 cucharada de queso parmesano

Indicaciones:

1. Preparar los ingredientes. Cubra la cesta de la Power air fryer XL con un forro de papel de aluminio, dejando los bordes al descubierto para que el aire circule por la cesta.
2. recaliente la freidora de aire a 176 grados C.
3. En un bol, batir los huevos hasta que estén esponjosos y hasta que las yemas y las claras estén completamente combinadas, y dejar a un lado.
4. En otro bol para mezclar, combinar el pan rallado, el orégano, la sal y la pimienta, y dejar a un lado.
5. Sumerja las pechugas de pollo crudas, una por una, en el bol con los ingredientes secos,

cubriendo ambos lados; luego sumérjalas en el bol con los ingredientes húmedos y vuelva a sumergirlas en los ingredientes secos. Este doble recubrimiento asegurará una fritura al aire extra crujiente y deliciosa.

6. Coloque las pechugas de pollo recubiertas en el papel de aluminio que cubre la cesta de la freidora de aire Power, en una sola capa plana.

7. Freír al aire. Programe el temporizador de la Power air fryer XL para 10 minutos.

8. Después de 10 minutos, la freidora de aire se apagará y el pollo debería estar a medio cocer y la capa empanada empezando a dorarse.

9. Con unas pinzas, dé la vuelta a cada pieza de pollo para asegurar una fritura completa.

10. 1Vuelva a poner la freidora de aire a 160 grados C durante otros 10 minutos.

11. 1Mientras se cocina el pollo, vierta la mitad de la salsa marinara en una sartén de 7 pulgadas apta para el calor.

12. Después de 15 minutos, cuando la freidora de aire se apague, retire las pechugas de pollo fritas con unas pinzas y colóquelas en la sartén cubierta de marinara. Rocíe el resto de la salsa marinara sobre el pollo frito, luego coloque las rebanadas de queso provolone sobre ambas y espolvoree el queso parmesano sobre toda la sartén.

13. Volver a poner la freidora de aire a 176 grados C durante 5 minutos.

14. Después de 5 minutos, cuando la freidora de aire se apague, retire el plato de la freidora de aire usando pinzas o guantes de horno. El pollo estará perfectamente crujiente y el queso derretido y ligeramente tostado. ¡Servir en caliente!

Nutrición: Calorías: 210 Grasas: 20g Proteínas: 18g

97. Pechugas de pollo a la miel y al vino

Tiempo de preparación: 5 minutos
Tiempo de cocción: 15 minutos
Raciones: 4
Ingredientes:
- 2 pechugas de pollo, enjuagadas y cortadas por la mitad
- 1 cucharada de mantequilla derretida
- 1/2 cucharadita de pimienta recién molida

- 3/4 de cucharadita de sal marina, o al gusto
- 1 cucharadita de pimentón
- 1 cucharadita de romero seco
- 2 cucharadas de vino blanco seco
- 1 cucharada de miel

Indicaciones:
1. Preparar los ingredientes. En primer lugar, secar las pechugas de pollo. Bañarlas ligeramente con la mantequilla derretida.

2. A continuación, añadir el resto de los ingredientes.

3. Freír al aire. Páselas a la cesta de la freidora de aire; hornéelas unos 15 minutos a 165 grados C. Sírvalas calientes y disfrútelas

Nutrición: Calorías: 189 Grasas: 14g Proteínas: 11g

98. Alitas de pollo crujientes con miel y ajo

Tiempo de preparación: 10 minutos
Tiempo de cocción: 25 minutos
Raciones: 8
Ingredientes:
- 1/8 C. de agua
- 1/2 cucharadita de sal
- 4 cucharadas de ajo picado
- ¼ C. de mantequilla vegana
- 89g de miel cruda
- 93g de harina de almendras
- 16 alas de pollo

Indicaciones:
1. Preparar los ingredientes. Enjuagar y secar bien las alas de pollo.

2. Rocía la cesta de la freidora de aire con aceite de oliva.

3. Rebozar las alitas de pollo con harina de almendras y añadir las alitas recubiertas a la freidora de aire Power XL.

4. Freír con aire. Ajuste la temperatura a 193°C y el tiempo a 25 minutos. Cocine agitando cada 5 minutos.

5. Cuando suene el temporizador, cocine de 5 a 10 minutos a 200 grados C hasta que la piel quede crujiente y seca.

6. Mientras el pollo se cocina, derrita la mantequilla en un cazo y añada el ajo. Saltear el ajo 5 minutos. Añada la sal y la miel, y cocine a fuego lento durante 20 minutos.

Asegúrese de remover de vez en cuando para que la salsa no se queme. Añadir un poco de agua después de 15 minutos para que la salsa no se endurezca.

7. Sacar las alitas de pollo de la freidora y cubrirlas con la salsa. Disfrute.

Nutrición: Calorías: 435 Grasas: 19g Proteínas: 31g

99. Filete de Pollo Frito Supremo

Tiempo de preparación: 10 minutos
Tiempo de cocción: 30 minutos
Raciones: 8

Ingredientes:

- 226g de pechuga de pollo
- 126g de pan rallado (la marca Panko funciona bien)
- 2 huevos medianos
- Una pizca de sal y pimienta
- 1/2 cucharada de tomillo molido

Indicaciones:

1. Cubra la cesta de la Power air fryer XL con un forro de papel de aluminio, dejando los bordes al descubierto para que el aire circule por la cesta. Precaliente la freidora de aire a 176 grados C.
2. En un bol, batir los huevos hasta que estén esponjosos y hasta que las yemas y las claras estén completamente combinadas, y dejar a un lado. En otro bol, mezclar el pan rallado, el tomillo, la sal y la pimienta, y dejar a un lado. Sumerja uno a uno cada trozo de filete crudo en el bol con los ingredientes secos, cubriendo todos los lados; luego sumérjalo en el bol con los ingredientes húmedos y vuelva a sumergirlo en los ingredientes secos. Esta doble capa asegurará una fritura al aire extra crujiente.
3. Coloque los trozos de filete recubiertos sobre el papel de aluminio que cubre la cesta de la freidora de aire, en una sola capa plana.
4. Programe el temporizador de la Power air fryer XL para 15 minutos. Después de 15 minutos, la freidora de aire se apagará y el filete debería estar a medio cocinar y la capa empanada empezando a dorarse. Con unas pinzas, dé la vuelta a cada trozo de filete para asegurarse de que se fríe por completo.

5. Vuelva a poner la freidora a 160 grados C durante 15 minutos. Después de 15 minutos, cuando la freidora se apague, retire las tiras de filete fritas con unas pinzas y colóquelas en un plato para servir. Coma tan pronto como esté lo suficientemente frío como para manejarlo y disfrútelo.

Nutrición: Calorías: 180 Grasas: 10g Proteínas: 15g

100. Alitas de pollo a la pimienta y limón

Tiempo de preparación: 10 minutos
Tiempo de cocción: 20 minutos
Raciones: 4

Ingredientes:

- 8 alas de pollo enteras
- Zumo de 1/2 limón
- 1/2 cucharadita de ajo en polvo
- 1 cucharadita de cebolla en polvo
- Sal
- Pimienta
- 60ml de suero de leche bajo en grasa
- 62g de harina para todo uso
- Aceite para cocinar

Indicaciones:

1. Preparar los ingredientes. Poner las alitas en una bolsa de plástico con cierre. Rociar las alitas con el zumo de limón. Sazona las alitas con el ajo en polvo, la cebolla en polvo y sal y pimienta al gusto.
2. Sellar la bolsa. Agitar bien para combinar los condimentos y cubrir las alitas.
3. Vierta el suero de leche y la harina en cuencos separados lo suficientemente grandes como para sumergir las alitas.
4. Rocíe la cesta de la Power air fryer XL con aceite de cocina.
5. De una en una, sumerja las alitas en el suero de leche y luego en la harina.
6. Freír al aire. Coloque las alitas en la cesta de la Power air fryer XL. Está bien apilarlas una encima de otra. Rocíe las alitas con aceite de cocina, asegurándose de rociar la capa inferior. Cocine durante 5 minutos.
7. Saque la cesta y agítela para asegurarse de que todas las piezas se cocinen por completo.

8. Vuelva a colocar la cesta en la Power air fryer XL y siga cocinando el pollo. Repita la agitación cada 5 minutos hasta que haya pasado un total de 20 minutos.

9. Deje enfriar antes de servir.

Nutrición: Calorías: 347 Grasas: 12g Proteínas: 46g

RECETAS CON CARNE DE RES

101. Bulgogi de ternera con cebollas y sésamo

Tiempo de preparación: 10 minutos
Tiempo de cocción: 5 minutos
Porción: 4

Ingredient

- 80ml de salsa de soja
- 2 cucharadas de aceite de sésamo
- 2½ cucharadas de azúcar moreno
- 3 dientes de ajo picados
- ½ cucharadita de pimienta negra recién molida
- 1 libra (454 g) de filete de costilla, cortado en rodajas finas
- 2 cebolletas, cortadas en rodajas finas, para decorar
- Semillas de sésamo tostadas, para decorar

Indicaciones

1. En un cuenco pequeño, bata la salsa de soja, el aceite de sésamo, el azúcar moreno, el ajo y la pimienta negra hasta que estén completamente combinados.
2. Colocar la carne en un recipiente grande y poco profundo, y verter la salsa sobre las rebanadas. Tapar y refrigerar durante 1 hora.
3. Introduzca la rejilla de la parrilla y cierre la tapa. Seleccione GRILL, ajuste la temperatura a MEDIA, y ajuste el tiempo a 5 minutos. Seleccione START/STOP para comenzar el precalentamiento.
4. Cuando el aparato emita un pitido para indicar que se ha precalentado, coloque la carne en la parrilla. Cierre la campana y cocine durante 4 minutos sin darle la vuelta.
5. Después de 4 minutos, compruebe que el filete está en el punto deseado, cocinándolo hasta 1 minuto más, si lo desea.
6. Una vez terminada la cocción, cubra con cebolletas y semillas de sésamo y sirva inmediatamente.

Nutrición: Calorías: 321 Grasas: 9g Proteínas: 24g

102. Subs de albóndigas y queso

Tiempo de preparación: 10 minutos
Tiempo de cocción: 10 minutos
Porción: 4

Ingredientes

- 1 huevo grande
- 60ml de leche entera
- 24 galletas saladas, trituradas pero no pulverizadas
- 1 libra (454 g) de carne picada de ternera
- 1 libra (454 g) de salchicha italiana, sin tripas
- 4 cucharadas de queso parmesano rallado, dividido
- 1 cucharadita de sal kosher o ½ cucharadita de sal fina
- 4 panecillos tipo hoagie o sub, partidos
- 230g de salsa marinara
- 71g de queso mozzarella rallado

Indicaciones

1. En un recipiente grande, bata el huevo con la leche y luego incorpore las galletas. Dejar reposar durante 5 minutos para que se hidraten.
2. Con las manos, rompa la carne picada y la salchicha en la mezcla de leche, alternando la carne y la salchicha. Cuando hayas añadido la mitad de la carne, espolvorea 2 cucharadas de parmesano rallado y la sal por encima, y sigue rompiendo la carne hasta que esté toda en el bol. Mezclar todo con cuidado. Intenta no trabajar demasiado la carne, pero que quede todo combinado.
3. Formar la mezcla en bolas del tamaño de una pelota de golf. Deberían salir unas 24 albóndigas. Aplastar las bolas ligeramente para evitar que rueden y colocarlas en la bandeja, separadas unos 5 cm.
4. Selecciona AIR ROAST (Asado al aire), ajusta la temperatura a 205°C (400°F) y el tiempo a 20 minutos. Selecciona START/PAUSE para comenzar el precalentamiento.
5. Una vez que la unidad se haya precalentado, deslice la bandeja dentro del horno.
6. Transcurridos 10 minutos, retire la bandeja del horno y dé la vuelta a las albóndigas. Vuelva a introducir la bandeja en el horno y continúe la cocción.

7. Una vez terminada la cocción, retire la bandeja del horno. Colocar las albóndigas en una rejilla. Limpiar la sartén (no tiene que estar completamente limpia; sólo hay que quitar la grasa de las albóndigas. Si no puedes evitarlo, puedes lavarla).

8. Abre los panecillos, con el lado cortado hacia arriba, en la sartén. Coloca de 3 a 4 albóndigas en la base de cada panecillo, y cubre cada sándwich con 59g de salsa marinara. Repartir la mozzarella entre las mitades superiores de los panecillos y espolvorear las 2 cucharadas restantes de queso parmesano sobre la mozzarella.

9. Seleccione AIR BROIL, ajuste la temperatura a HIGH y el tiempo a 4 minutos. Selecciona START/PAUSE para comenzar el precalentamiento.

10. Una vez que el aparato se haya precalentado, introduce la bandeja en el horno. Compruebe los sándwiches después de 2 minutos; el queso Mozzarella debe estar derretido y burbujeando ligeramente.

11. Cuando la cocción haya terminado, retire la bandeja del horno. Cierre los sándwiches y sírvalos.

Nutrición: Calorías: 347 Grasas: 14g Proteínas: 46g

103. Satay de ternera frita al aire con salsa de cacahuete

Tiempo de preparación: 30 minutos
Tiempo de cocción: 5 minutos
Porción: 4
Ingredientes
- 8 onzas (227 g) de London broil, cortado en 8 tiras
- 2 cucharaditas de curry en polvo
- ½ cucharadita de sal kosher
- Spray de cocina
- Salsa de cacahuete para mojar
- 2 cucharadas de mantequilla de cacahuete cremosa
- 1 cucharada de salsa de soja reducida en sodio
- 2 cucharaditas de vinagre de arroz
- 1 cucharadita de miel
- 1 cucharadita de jengibre rallado
Indicaciones

1. Rocíe la cesta de freír con aire con spray de cocina.

2. En un bol, coloca las tiras de London broil y espolvorea con el curry en polvo y la sal kosher para sazonar. Ensarta las tiras en las brochetas empapadas.

3. Coloca las brochetas en la cesta preparada y rocía con spray de cocina.

4. Seleccione Air Fry, Super Convection. Ajuste la temperatura a 360ºF (182ºC) y el tiempo a 5 minutos. Pulsa Start/Stop para comenzar el precalentamiento.

5. Una vez precalentado, coloque la cesta en la posición de freír al aire. Dale la vuelta a la carne a mitad del tiempo de cocción.

6. Al finalizar la cocción, la carne debe estar bien dorada.

7. Mientras tanto, mezcle la mantequilla de cacahuete, la salsa de soja, el vinagre de arroz, la miel y el jengibre en un bol para hacer la salsa para mojar.

8. Pasar la carne a los platos de servir y dejar reposar durante 5 minutos. Servir con la salsa de cacahuete al lado.

Nutrición: Calorías: 333 Grasas: 12g Proteínas: 43g

104. Pastel de carne con salsa de tomate

Tiempo de preparación: 15 minutos
Tiempo de cocción: 25 minutos
Porción: 4
Ingredientes
- 1½ libras (680 g) de carne picada
- 238g de salsa de tomate
- 62g de pan rallado
- 2 claras de huevo
- 47g de queso parmesano rallado
- 1 cebolla picada
- 2 cucharadas de perejil picado
- 2 cucharadas de jengibre picado
- 2 dientes de ajo picados
- ½ cucharadita de albahaca seca
- 1 cucharadita de pimienta de cayena
- Sal y pimienta negra molida, al gusto
- Spray para cocinar
Indicaciones

1. Rocía un molde para pastel de carne con aceite en aerosol.
2. Combinar todos los ingredientes en un bol grande. Remover para mezclar bien.
3. Verter la mezcla de carne en el molde para pastel de carne preparado y presionar con una espátula para que quede firme.
4. Selecciona Bake, Super Convection, ajusta la temperatura a 360°F (182°C) y el tiempo a 25 minutos. Pulsa Start/Stop para comenzar el precalentamiento.
5. Una vez precalentado, coloque el molde en la posición de horneado.
6. Al finalizar la cocción, la carne debe estar bien dorada.
7. Servir inmediatamente.

Nutrición: Calorías: 311 Grasas: 19g Proteínas: 41g

105. Albóndigas de ternera con salsa marinera picante

Tiempo de preparación: 5 minutos
Tiempo de cocción: 8 minutos
Porción: 4
Ingredientes
- 1 libra (454 g) de carne de solomillo molida sin grasa
- 2 cucharadas de pan rallado sazonado
- ¼ de cucharadita de sal kosher
- 1 huevo grande, batido
- 230g de salsa marinara, para servir
- Spray para cocinar

Indicaciones
1. Rocíe la cesta de freír con aire con spray de cocina.
2. Mezclar todos los ingredientes, excepto la salsa marinara, en un bol hasta que estén bien mezclados. Forme con la mezcla dieciséis albóndigas.
3. Colocar las albóndigas en la cesta preparada y rociar con spray de cocina.
4. Seleccione Air Fry, Super Convection. Ajuste la temperatura a 360°F (182°C) y el tiempo a 8 minutos. Pulsa Start/Stop para comenzar el precalentamiento.
5. Una vez precalentado, coloque la cesta en la posición de freír al aire. Dale la vuelta a las albóndigas a mitad de camino.

6. Al finalizar la cocción, las albóndigas deben estar bien doradas.
7. Repartir las albóndigas en cuatro platos y servirlas calientes con la salsa marinera.

Nutrición: Calorías: 364 Grasas: 19g Proteínas: 27g

106. Filetes de ternera con costra de alcaravea

Tiempo de preparación: 5 minutos
Tiempo de cocción: 10 minutos
Porción: 4
Ingredientes
- 4 filetes de ternera
- 2 cucharaditas de semillas de alcaravea
- 2 cucharaditas de ajo en polvo
- Sal marina y pimienta de cayena, al gusto
- 1 cucharada de mantequilla derretida
- 33g de harina de almendra
- 2 huevos batidos

Indicaciones
1. Añade los filetes de ternera a un bol grande y mézclalos con las semillas de alcaravea, el ajo en polvo, la sal y la pimienta hasta que estén bien cubiertos.
2. Mezcle la mantequilla derretida y la harina de almendras en un bol. Batir los huevos en otro bol.
3. Rebozar los filetes sazonados en los huevos y luego sumergirlos en la mezcla de almendras y mantequilla.
4. Disponga los filetes recubiertos en la cesta de freír al aire.
5. Seleccione Air Fry, Super Convection. Ajuste la temperatura a 355°F (179°C) y el tiempo a 10 minutos. Pulse Start/Stop para comenzar el precalentamiento.
6. Una vez precalentado, coloque la cesta en la posición de freír al aire. Dale la vuelta a los filetes una vez a mitad de camino para asegurar una cocción uniforme.
7. Cuando la cocción esté completa, la temperatura interna de los filetes de carne debe alcanzar al menos 145°F (63°C) en un termómetro de carne.
8. Pase los filetes a los platos. Deje enfriar durante 5 minutos y sirva caliente.

Nutrición: Calorías: 327 Grasas: 18g Proteínas: 34g

107. Mignons de filetes envueltos en tocino

Tiempo de preparación: 10 minutos
Tiempo de cocción: 13 minutos
Porción: 8

Ingredientes

- 1 onza (28 g) de hongos porcini secos
- ½ cucharadita de azúcar blanco granulado
- ½ cucharadita de sal
- ½ cucharadita de pimienta blanca molida
- 8 (4 onzas / 113 g) filetes mignons o filetes de lomo de ternera
- 8 tiras finas de tocino

Indicaciones

1. Poner los champiñones, el azúcar, la sal y la pimienta blanca en un molinillo de especias y moler para combinar.
2. En una superficie de trabajo limpia, frote los filetes mignons con la mezcla de champiñones y, a continuación, envuelva cada filete con una tira de tocino. Asegurar con palillos si es necesario.
3. Disponga los filetes mignons envueltos en tocino en la cesta de freír al aire, con la costura hacia abajo.
4. Seleccione Air Fry, Super Convection. Ajuste la temperatura a 205°C (400°F) y el tiempo a 13 minutos. Pulsa Start/Stop para comenzar el precalentamiento.
5. Una vez precalentado, coloque la cesta en la posición de freír al aire. Dale la vuelta a los filetes a mitad de camino.
6. Cuando la cocción esté completa, los filetes deben estar poco hechos.
7. Servir inmediatamente.

Nutrición: Calorías: 351 Grasa: 15g Proteína: 56g

108. Stroganoff de ternera y champiñones al aire libre

Tiempo de preparación: 15 minutos
Tiempo de cocción: 14 minutos
Porción: 4

Ingredientes

- 1 libra (454 g) de filete de ternera, cortado en rodajas finas
- 8 onzas (227 g) de champiñones, en rodajas
- 1 cebolla entera, picada
- 500ml de caldo de carne
- 259g de crema agria
- 4 cucharadas de mantequilla derretida
- 140g de fideos de huevo cocidos

Indicaciones

1. Combine los champiñones, la cebolla, el caldo de carne, la crema agria y la mantequilla en un bol hasta que estén bien mezclados. Añade el filete de ternera a otro bol.
2. Repartir la mezcla de champiñones sobre el filete y dejar marinar durante 10 minutos.
3. Vierta el bistec marinado en una bandeja para hornear.
4. Seleccione Horneado, Superconvección, ajuste la temperatura a 205°C (400°F) y el tiempo a 14 minutos. Pulsa Start/Stop para comenzar el precalentamiento.
5. Una vez precalentado, coloque la bandeja en la posición de horneado. Dale la vuelta al filete a mitad del tiempo de cocción.
6. Cuando termine la cocción, el filete debe estar dorado y las verduras deben estar tiernas.
7. Servir caliente con los fideos de huevo cocidos.

Nutrición: Calorías: 361 Grasas: 17g Proteínas: 42g

109. Kofta de ternera a la canela

Tiempo de preparación: 10 minutos
Tiempo de cocción: 13 minutos
Porción: 6

Ingredientes

- 1½ libras (680 g) de carne picada magra
- 1 cucharadita de cebolla en polvo
- ¾ cucharadita de canela molida
- ¾ cucharadita de cúrcuma seca molida
- 1 cucharadita de comino molido
- ¾ cucharadita de sal
- ¼ de cucharadita de cayena
- 12 palitos de canela (de 9 a 10 cm de largo)
- Spray para cocinar

Indicaciones

1. Rocíe la cesta de freír al aire con spray de cocina.

2. Combine todos los ingredientes, excepto las ramas de canela, en un bol grande. Remover para mezclar bien.
3. Divida y forme la mezcla en 12 bolas, luego envuelva cada bola alrededor de cada rama de canela y deje un cuarto de la longitud sin cubrir.
4. Colocar las barritas de carne y canela en la cesta preparada y rociar con spray de cocina.
5. Seleccione Air Fry, Super Convection. Ajuste la temperatura a 375°F (190°C) y el tiempo a 13 minutos. Pulsa Start/Stop para empezar a precalentar.
6. Una vez precalentado, coloque la cesta en la posición de freír al aire. Dale la vuelta a los palitos a mitad de la cocción.
7. Al finalizar la cocción, la carne debe estar dorada. Servir inmediatamente.

Nutrición: Calorías 342 Grasa: 12g Proteína: 42g

110. Exquisito bistec Salisbury con salsa de champiñones

Tiempo de preparación: 20 minutos
Tiempo de cocción: 33 minutos
Porción: 2

Ingredientes
- Para la salsa de champiñones
- 45g de champiñones en rodajas
- 18g de cebollas cortadas en rodajas finas
- 59g de mantequilla sin sal, derretida
- ½ cucharadita de sal marina fina
- 60ml de caldo de carne

Para los filetes:
- ½ libra (227 g) dc carne picada (85% de carne magra)
- 1 cucharada de mostaza seca
- 2 cucharadas de pasta de tomate
- ¼ cucharadita de ajo en polvo
- ½ cucharadita de cebolla en polvo
- ½ cucharadita de sal marina fina
- ¼ de cucharadita de pimienta negra molida
- Hojas de tomillo fresco picadas, para decorar

Indicaciones
1. Mezcle los champiñones y las cebollas con la mantequilla en una bandeja para hornear para cubrirlos bien, luego espolvoree con sal.

2. Selecciona Bake, Super Convection, ajusta la temperatura a 390°F (199°C) y ajusta el tiempo a 8 minutos. Pulsa Start/Stop para comenzar el precalentamiento.
3. Una vez precalentado, coloque el molde en la posición de horneado. Remueva la mezcla a mitad de la cocción.
4. Cuando termine la cocción, los champiñones deben estar tiernos.
5. Vierta el caldo en la bandeja de hornear y programe el tiempo a 10 minutos más para hacer la salsa.
6. Mientras tanto, combine todos los ingredientes para los filetes, excepto las hojas de tomillo, en un bol grande. Remover para mezclar bien. Formar la mezcla en dos filetes ovalados.
7. Disponga los filetes sobre la salsa y programe el tiempo de cocción a 15 minutos. Cuando termine la cocción, las hamburguesas deben estar doradas. Dale la vuelta a los filetes a mitad de camino.
8. Pasar los filetes a un plato y verter la salsa por encima. Espolvorear con tomillo fresco y servir inmediatamente.

Nutrición: Calorías 334 Grasa: 17g Proteína: 38g

111. Pimientos rellenos de carne y arroz

Tiempo de preparación: 20 minutos
Tiempo de cocción: 18 minutos
Porción: 4

Ingredientes
- ¾ de libra (340 g) de carne picada magra
- 4 onzas (113 g) de carne de cerdo molida sin grasa
- 18g de cebolla picada
- 1 lata (15 onzas / 425 g) de tomates triturados
- 1 cucharadita de salsa Worcestershire
- 1 cucharadita de condimento para barbacoa
- 1 cucharadita de miel
- ½ cucharadita de albahaca seca
- 132g de arroz integral cocido
- ½ cucharadita de ajo en polvo
- ½ cucharadita de orégano
- ½ cucharadita de sal

- 2 pimientos pequeños, cortados por la mitad, sin tallos y sin semillas
- Spray para cocina

Indicaciones

1. Rocíe un molde para hornear con aceite en aerosol.
2. Acomodar la carne de res, el cerdo y la cebolla en el molde para hornear.
3. Selecciona Bake, Super Convection, ajusta la temperatura a 360ºF (182ºC) y el tiempo a 8 minutos. Pulsa Start/Stop para comenzar el precalentamiento.
4. Una vez precalentado, coloca la bandeja en la posición de horneado. Rompa la carne picada en trozos a mitad de la cocción.
5. Cuando termine la cocción, la carne picada debe estar ligeramente dorada.
6. Mientras tanto, combine los tomates, la salsa Worcestershire, el condimento para barbacoa, la miel y la albahaca en una cacerola. Remueva para mezclar bien.
7. Transfiera la mezcla de carne cocida a un bol grande y añada el arroz cocido, el ajo en polvo, el orégano, la sal y 52g de la mezcla de tomate. Remover para mezclar bien.
8. Rellene las mitades de los pimientos con la mezcla, luego coloque las mitades de los pimientos en la cesta de freír al aire.
9. Seleccione Air Fry, Super Convection. Ajuste el tiempo a 10 minutos. Coloque la cesta en la posición de freír con aire.
10. Cuando termine la cocción, los pimientos deben estar ligeramente carbonizados.
11. Sirva los pimientos rellenos con la salsa de tomate restante por encima.

Nutrición: Calorías 342Grasas: 16g Proteínas: 46g

112. Rollos de carne Reuben con salsa Mil Islas

Tiempo de preparación: 15 minutos
Tiempo de cocción: 10 minutos
Porción: 5

Ingredientes

- ½ libra (227 g) de carne en conserva cocida y picada
- 71g de chucrut escurrido y picado
- 1 (8 onzas / 227 g) paquete de queso crema, ablandado

- 47g de queso suizo rallado
- 20 rebanadas de prosciutto
- Spray para cocinar
- Salsa Mil Islas
- 44g de pepinillos de eneldo picados
- 59g de salsa de tomate
- 182g de mayonesa
- Hojas de tomillo fresco, para decorar
- 2 cucharadas de azúcar
- 1/8 de cucharadita de sal marina fina
- Pimienta negra molida, al gusto

Indicaciones

1. Rocíe la cesta de freír al aire con spray de cocina.
2. Combine la carne, el chucrut, el queso crema y el queso suizo en un bol grande. Remover para mezclar bien.
3. Desenrolle una loncha de jamón serrano sobre una superficie de trabajo limpia y, a continuación, coloque otra loncha de jamón serrano en sentido transversal. Poner 4 cucharadas de la mezcla de carne en el centro.
4. Doble los lados de la rebanada superior sobre el relleno como los extremos del rollo, luego enrolle los lados largos del prosciutto inferior y dele forma de rollo. Superponga los lados unos 2 cm. Repita con el resto del relleno y el prosciutto.
5. Coloque los rollos en la cesta preparada, con la costura hacia abajo, y rocíe con spray de cocina.
6. Seleccione Air Fry, Super Convection. Ajuste la temperatura a 400ºF (205ºC) y el tiempo a 10 minutos. Pulsa Start/Stop para comenzar el precalentamiento.
7. Una vez precalentado, coloque la cesta en la posición de freír al aire. Dale la vuelta a los panecillos a mitad de camino.
8. Al finalizar la cocción, los panecillos deben estar dorados y crujientes.
9. Mientras tanto, combine los ingredientes de la salsa en un bol pequeño. Remover para mezclar bien.
10. Sirva los panecillos con la salsa.

Nutrición: Calorías 328 Grasa: 19g Proteína: 46g

113. Albóndigas de carne con salsa

Tiempo de preparación: 10 minutos
Tiempo de cocción: 10 minutos
Porción: 4

Ingredientes

- 1 libra (454 g) de carne molida (85% de carne magra)
- 122g de salsa
- 19g de pimientos verdes o rojos picados
- 1 huevo grande, batido
- 19g de cebollas picadas
- ½ cucharadita de chile en polvo
- 1 diente de ajo picado
- ½ cucharadita de comino molido
- 1 cucharadita de sal marina fina
- Gajos de lima, para servir
- Spray para cocinar

Indicaciones

1. Rocíe la cesta de freír con aire con spray de cocina.
2. Combine todos los ingredientes en un bol grande. Remover para mezclar bien.
3. Divida la mezcla y forme bolas de una pulgada. Colocar las bolas en la cesta y rociar con spray de cocina.
4. Selecciona Air Fry, Super Convection. Ajuste la temperatura a 350°F (180°C) y el tiempo a 10 minutos. Pulse Start/Stop para comenzar el precalentamiento.
5. Una vez precalentado, coloque la cesta en la posición de freír al aire. Da la vuelta a las bolas con unas pinzas a mitad de camino.
6. Al finalizar la cocción, las bolas deben estar bien doradas.
7. Ponga las bolas en un plato y exprima los trozos de lima por encima antes de servirlas.

Nutrición: Calorías 348 Grasa: 19g Proteína: 46g

114. Carne picada sencilla con calabacín

Tiempo de preparación: 5 minutos
Tiempo de cocción: 12 minutos
Porción: 4

Ingredientes

- 1½ libras (680 g) de carne picada
- 1 libra (454 g) de calabacín picado
- 2 cucharadas de aceite de oliva virgen extra
- 1 cucharadita de orégano seco

- 1 cucharadita de albahaca seca
- 1 cucharadita de romero seco
- 2 cucharadas de cebollino fresco picado

Indicaciones

1. En un bol grande, combinar todos los ingredientes, excepto el cebollino, hasta que estén bien mezclados.
2. Colocar la mezcla de carne y calabacín en el molde para hornear.
3. Seleccione Bake, Super Convection, ajuste la temperatura a 400°F (205°C) y el tiempo a 12 minutos. Pulsa Start/Stop para comenzar el precalentamiento.
4. Una vez precalentado, coloque el molde en la posición de horneado.
5. Cuando termine la cocción, la carne debe estar dorada y el calabacín debe estar tierno.
6. Dividir la mezcla de carne y calabacín en cuatro platos para servir. Cubra con cebollino fresco y sirva caliente.

Nutrición: Calorías 311 Grasa: 20g Proteína: 41g

115. Suntuoso pastel de carne con salchicha de cerdo

Tiempo de preparación: 10 minutos
Tiempo de cocción: 25 minutos
Porción: 4

Ingredientes

- ¾ de libra (340 g) de carne picada de ternera
- 4 onzas (113 g) de salchicha de cerdo molida
- 2 huevos, batidos
- 95g de queso parmesano rallado
- 75g de chalote picado
- 3 cucharadas de leche normal
- 1 cucharada de salsa de ostras
- 1 cucharada de perejil fresco
- 1 cucharadita de pasta de ajo
- 1 cucharadita de hongos porcini picados
- ½ cucharadita de comino en polvo
- Sal sazonada y copos de pimienta roja triturados, al gusto

Indicaciones

1. En un bol grande, combinar todos los ingredientes hasta que estén bien mezclados.
2. Coloque la mezcla de carne en el molde para hornear. Utilice una espátula para presionar la mezcla hasta llenar el molde.

3. Selecciona Bake, Super Convection, ajusta la temperatura a 360°F (182°C) y ajusta el tiempo a 25 minutos. Pulsa Start/Stop para comenzar el precalentamiento.
4. Una vez precalentado, coloque el molde en la posición de horneado.
5. Al finalizar la cocción, el pastel de carne debe estar bien dorado.
6. Deje reposar el pastel de carne durante 5 minutos. Pasar a una fuente de servir y cortar en rodajas. Servir caliente.

Nutrición: Calorías 317 Grasas: 23g Proteínas: 46g

116. Lahmacun (pizza turca)

Tiempo de preparación: 20 minutos
Tiempo de cocción: 10 minutos
Porción: 4

Ingredientes
- 4 tortillas de harina (6 pulgadas)

Para la cobertura de carne:
- 4 onzas (113 g) de carne molida de cordero o de ternera molida sin grasa al 85%
- 19g de pimiento verde finamente picado
- 19g de perejil fresco picado
- 1 tomate ciruela pequeño, sin semillas y picado
- 2 cucharadas de cebolla amarilla picada
- 1 diente de ajo picado
- 2 cucharaditas de pasta de tomate
- ¼ de cucharadita de pimentón dulce
- ¼ de cucharadita de comino molido
- ¼ de cucharadita de copos de pimienta roja
- 1/8 de cucharadita de pimienta de Jamaica molida
- 1/8 de cucharadita de sal kosher
- 1/8 de cucharadita de pimienta negra

Para servir:
- 6g de menta fresca picada
- 1 cucharadita de aceite de oliva virgen extra
- 1 limón, cortado en trozos

Indicaciones
1. Combinar todos los ingredientes de la cobertura de carne en un bol mediano hasta que estén bien mezclados.
2. Colocar las tortillas en una superficie de trabajo limpia. Colocar la mezcla de carne con una cuchara sobre las tortillas y extenderla por todas partes.
3. Colocar las tortillas en la cesta de freír al aire.
4. Seleccione Air Fry, Super Convection. Ajuste la temperatura a 400°F (205°C) y el tiempo a 10 minutos. Pulsa Start/Stop para comenzar el precalentamiento.
5. Una vez precalentado, coloque la cesta en la posición de freír al aire.
6. Al terminar la cocción, el borde de la tortilla debe estar dorado y la carne ligeramente dorada.
7. Pasarlas a una fuente de servir. Cubrir con menta fresca picada y rociar con aceite de oliva. Exprime los trozos de limón por encima y sirve.

Nutrición: Calorías 313 Grasas: 27g Proteínas: 31g

117. Albóndigas de carne al curry tailandés

Tiempo de preparación: 5 minutos
Tiempo de cocción: 15 minutos
Porción: 4

Ingredientes
- 454 g de carne picada
- 1 cucharada de aceite de sésamo
- 2 cucharaditas de hierba limón picada
- 1 cucharadita de pasta de curry rojo tailandés
- 1 cucharadita de mezcla de condimentos tailandeses
- Jugo y cáscara de ½ lima
- Spray para cocinar

Indicaciones
1. Rocíe la cesta de freír con aire con spray de cocina.
2. En un bol mediano, combine todos los ingredientes hasta que estén bien mezclados.
3. Formar la mezcla de carne en 24 albóndigas y disponerlas en la cesta.
4. Seleccione Air Fry, Super Convection. Ajuste la temperatura a 380°F (193°C) y el tiempo a 15 minutos. Pulsa Start/Stop para comenzar el precalentamiento.
5. Una vez precalentado, coloque la cesta en la posición de freír al aire. Dale la vuelta a las albóndigas a mitad de camino.
6. Al finalizar la cocción, las albóndigas deben estar doradas.

7. Pasar las albóndigas a los platos. Dejar enfriar durante 5 minutos antes de servir.

Nutrición: Calorías 338 Grasa: 29g Proteína: 56g

118. Lomo de ternera relleno con queso feta

Tiempo de preparación: 10 minutos
Tiempo de cocción: 10 minutos
Porción: 4

Ingredientes

- 1½ libras (680 g) de lomo de ternera, machacado a 0.6cm de grosor
- 3 cucharaditas de sal marina
- 1 cucharadita de pimienta negra molida
- 2 onzas (57 g) de queso de cabra cremoso
- 119g de queso feta desmenuzado
- 19g de cebollas finamente picadas
- 2 dientes de ajo picados
- Spray para cocinar

Indicaciones

1. Rocíe la cesta de freír con aire con spray de cocina.
2. Despliegue el solomillo de ternera sobre una superficie de trabajo limpia. Frote la sal y la pimienta por todo el solomillo de ternera para sazonar.
3. Prepare el relleno para los solomillos de ternera rellenos: Combine el queso de cabra, el queso feta, las cebollas y el ajo en un bol mediano. Remover hasta que estén bien mezclados.
4. Con una cuchara, ponga la mezcla en el centro del solomillo. Enrolle el solomillo apretado como si enrollara un burrito y utilice un poco de hilo de cocina para atar el solomillo.
5. Colocar el solomillo en la cesta de freír al aire.
6. Seleccione Air Fry, Super Convection. Ajuste la temperatura a 400ºF (205ºC) y el tiempo a 10 minutos. Pulse Start/Stop para comenzar el precalentamiento.
7. Una vez precalentado, coloque la cesta en la posición de freír al aire. Dale la vuelta al lomo a mitad de camino.
8. Cuando la cocción esté completa, el termómetro de lectura instantánea insertado en el centro del lomo debe registrar 135ºF (57ºC) para que esté medio crudo.
9. Pasar a una fuente y servir inmediatamente.

Nutrición: Calorías 321 Grasa: 11g Proteína: 30g

119. Costillas de ternera teriyaki con granada

Tiempo de preparación: 15 minutos
Tiempo de cocción: 1 hora
Porción: De 4 a 6

Ingredientes

- 125ml de salsa de soja tamari o salsa de soja oscura
- 106g de azúcar moreno envasado
- 73g de melaza de granada
- 2 ó 3 cebolletas, finamente picadas (tanto la parte blanca como la verde)
- 4 dientes de ajo picados
- 1 cucharada de salsa de ostras
- 2 cucharaditas de salsa Worcestershire
- 2 cucharaditas de mirin
- 1 cucharadita de aceite vegetal
- 1 cucharadita de jengibre fresco rallado
- 1 cucharadita de salsa de chile asiático
- 6 costillas de ternera, de 9 a 10 cm de largo y 5 cm de grosor
- Cebolla picada, para decorar
- 20g de semillas de granada, para decorar

Indicaciones

1. Combinar los ingredientes de la marinada en un cazo y cocer a fuego medio de 3 a 5 minutos, hasta que el azúcar se haya disuelto, removiendo de vez en cuando. Retirar del fuego y dejar que la mezcla se enfríe durante 30 minutos. Dividir la marinada en dos porciones iguales. Guarde una mitad en el frigorífico para hilvanar. Utilizar la mitad restante como marinada.
2. Recorte cualquier exceso de grasa o carne rezagada de la superficie de las costillas. No intente eliminar la grasa interna. Colocar las costillas en una bolsa de plástico con cierre y añadir la marinada. Con unas pinzas, gire las costillas para cubrirlas. Sellar la bolsa y meter en la nevera de 6 a 12 horas.
3. Preparar la parrilla a fuego medio con cocción indirecta.
4. Coloque una cesta para voltear sobre una tabla de cortar grande. Esto mantendrá el suelo y la encimera limpios. 5. Saque las

costillas de la bolsa y colóquelas en la cesta. Deseche la marinada que haya quedado en la bolsa. Asegure la cesta.

5. Coloque la cesta en la parrilla precalentada con una bandeja de goteo debajo, asegurándose de que no se interponga en el camino de la cesta al girar. Cocinar de 1 a 1½ horas, o hasta que las costillas hayan eliminado la mayor parte de su grasa y hayan alcanzado una temperatura interna de 170°F (77°C) a 180°F (82°C).

6. Calentar la marinada reservada en un bol en el microondas durante 1 minuto. Remover. Comience a rociar con esta mezcla durante los últimos 20 a 30 minutos de cocción.

7. Retire la cesta de la parrilla y colóquela en una tabla de cortar resistente al calor. Deje reposar las costillas durante unos 5 minutos. Abrir la cesta con cuidado y emplatar las costillas. Servir decoradas con la cebolleta picada y los granos de granada.

Nutrición: Calorías 333 Grasas: 23g Proteínas: 32g

120. Costilla de ternera asada

Tiempo de preparación: 10 minutos
Tiempo de cocción: 2 horas
Porción: 2

Ingredientes

- 1 (12 libras / 5,4 kg) de asado de costilla con hueso (un asado de cuatro huesos)
- 3 cucharadas de sal kosher
- 1 ½ cucharadas de pimienta negra fresca molida
- Salsa de rábano picante
- 130g de crema agria
- 29g de rábano picante preparado

- 2 cucharadas de mostaza de Dijon
- Trozo de madera para ahumar del tamaño de un puño (o 65g de astillas de madera)

Indicaciones

1. Sazone el asado de costilla con la sal y la pimienta. Refrigere durante al menos dos horas, preferiblemente toda la noche.

2. Una hora antes de cocinar, saque el asado de costilla del refrigerador. Ensartar el asado, luego ensartarlo en el asador, asegurándolo con las horquillas del asador. Deje que la carne repose a temperatura ambiente hasta que la parrilla esté precalentada. Sumerja la madera para ahumar en agua y déjela en remojo hasta que la parrilla esté lista.

3. Coloque la parrilla a fuego indirecto medio-alto con la bandeja de goteo en el centro de la parrilla.

4. Ponga el asador en la parrilla, haga girar el motor y asegúrese de que la bandeja de goteo esté centrada debajo del asado de costilla. Añada la madera para ahumar al fuego, cierre la tapa y cocine la carne hasta que alcance los 120°F (49°C) en su parte más gruesa para que esté poco hecha, unas 2 horas. (Cocinar hasta 115°F (46°C) para poco hecha, 130°F (54°C) para media).

5. Retirar el asado de costilla del asador y quitar el cordel que lo ataba. Tenga cuidado: el asador y los tenedores están muy calientes. Deje reposar la carne durante 15 minutos y, mientras la carne descansa, bata los ingredientes para la salsa de rábano picante. Para trinchar la ternera, corte los huesos del asado, córtelo en rodajas y sírvalo.

Nutrición: Calorías 368 Grasas: 16g Proteínas: 26g

121. Pork Taquitos

Tiempo de preparación: 10 minutos
Tiempo de cocción: 16 minutos
Raciones: 8

Ingredientes:

- 1 lima exprimida
- 10 tortillas integrales
- 2 ½ C. de queso mozzarella rallado
- 850g de lomo de cerdo cocido y desmenuzado

Indicaciones:

1. Preparar los ingredientes. Asegúrese de que su freidora de aire esté precalentada a 193grados C.
2. Rociar la carne de cerdo con el zumo de lima y mezclar suavemente.
3. Caliente las tortillas en el microondas con una toalla de papel humedecida para ablandarlas.
4. Añade unas 85g de cerdo y 23g de queso rallado en cada tortilla. Enróllalas bien.
5. Rocía la cesta de la freidora de aire POWER con un poco de aceite de oliva.
6. Freír al aire. Ajuste la temperatura a 193°C y el tiempo a 10 minutos. Fría los taquitos al aire de 7 a 10 minutos hasta que las tortillas adquieran un ligero color dorado, asegurándose de darles la vuelta a mitad del proceso de cocción.

Nutrición: Calorías 309 Grasa: 11g Proteína: 21g

122. Chuletas de cerdo empanadas con panko

Tiempo de preparación: 5 minutos
Tiempo de cocción: 12 minutos
Raciones: 6

Ingredientes:

- 5 (99 a 141g) chuletas de cerdo (con o sin hueso)
- Sal para sazonar
- Pimienta
- 31g de harina para todo uso
- 2 cucharadas de pan rallado panko
- Aceite para cocinar

Indicaciones:

1. Preparar los ingredientes. Sazonar las chuletas de cerdo con el condimento de sal y pimienta al gusto.
2. Espolvorear la harina por ambos lados de las chuletas de cerdo y, a continuación, rebozar ambos lados con pan rallado panko.
3. Coloque las chuletas de cerdo en la freidora de aire. Apilarlas está bien.
4. Freír al aire. Rocíe las chuletas de cerdo con aceite de cocina. Cocine durante 6 minutos.
5. Abra la freidora de aire POWER y dé la vuelta a las chuletas de cerdo. Cocine durante 6 minutos más.
6. Deje enfriar antes de servir.
7. Normalmente, las chuletas de cerdo con hueso son más jugosas que las deshuesadas. Si prefiere chuletas de cerdo muy jugosas, utilice chuletas con hueso.

Nutrición: Calorías: 246 Grasas: 13g Proteínas: 26g

123. Solomillos de cerdo glaseados con albaricoque

Tiempo de preparación: 5 minutos
Tiempo de cocción: 30 minutos
Raciones: 3

Ingredientes:

- 1 cucharadita de sal
- 1/2 cucharadita de pimienta
- Lomo de cerdo de 453g
- 2 cucharadas de romero fresco picado o 1 cucharada de romero seco triturado
- 2 cucharadas de aceite de oliva, divididas
- 3 dientes de ajo picados
- Ingredientes del glaseado de albaricoque
- 238g de conservas de albaricoque
- 3 dientes de ajo picados
- 4 cucharadas de zumo de limón

Indicaciones:

1. Preparar los ingredientes. Mezclar bien la pimienta, la sal, el ajo, el aceite y el romero. Pincelar todo el cerdo. Si es necesario, cortar el cerdo por la mitad en sentido transversal para que quepa en la freidora de aire.

2. Engrasar ligeramente la bandeja de la freidora de aire con spray de cocina. Añada la carne de cerdo.
3. Freír al aire. Durante 3 minutos por lado, dore la carne de cerdo en una freidora de aire precalentada a 200°C.
4. Mientras tanto, mezcle bien todos los ingredientes del glaseado en un bol pequeño. Unte el cerdo cada 5 minutos.
5. Cocine durante 20 minutos a 165°C.
6. Servir y disfrutar.

Nutrición: Calorías: 281 Grasa: 9g Proteína: 23g

124. Terneras de cerdo con pimientos morrones

Tiempo de preparación: 5 minutos
Tiempo de cocción: 15 minutos
Raciones: 4
Ingredientes:
- 312g de Lomo de Cerdo
- 1 Pimiento, en tiras finas
- 1 Cebolla Roja, en rodajas
- 2 Cucharadas. Hierbas Provenzales
- Pimienta negra al gusto
- 1 cucharada de aceite de oliva
- 1/2 cucharada de mostaza

Indicaciones:
1. Preparar los ingredientes. Precalentar la freidora de aire POWER a 200 grados C.
2. En la fuente de horno, mezcle las tiras de pimiento con la cebolla, las hierbas y un poco de sal y pimienta al gusto.
3. Añadir media cucharada de aceite de oliva a la mezcla
4. Cortar el solomillo de cerdo en cuatro trozos y frotar con sal, pimienta y mostaza.
5. Cubrir los trozos con el aceite de oliva restante y colocarlos en posición vertical en la fuente de horno sobre la mezcla de pimienta
6. Freír al aire. Coloque la fuente en la freidora de aire POWER. Poner el temporizador a 15 minutos y asar la carne y las verduras
7. Dar la vuelta a la carne y mezclar los pimientos a mitad de camino
8. Servir con una ensalada fresca

Nutrición: Calorías: 273 Grasa: 10g Proteína: 20g

125. Costillas de cerdo con sabor a barbacoa

Tiempo de preparación: 5 minutos
Tiempo de cocción: 15 minutos
Raciones: 6
Ingredientes:
- 89g de miel, dividida
- 178g de salsa BBQ
- 2 cucharadas de ketchup de tomate
- 1 cucharada de salsa Worcestershire
- 1 cucharada de salsa de soja
- ½ cucharadita de ajo en polvo
- Pimienta blanca recién molida, al gusto
- 771g de costillas de cerdo

Indicaciones:
1. Preparar los ingredientes. En un bol grande, mezclar 3 cucharadas de miel y el resto de ingredientes, excepto las costillas de cerdo.
2. Refrigerar para que se marine durante unos 20 minutos.
3. Precalentar la freidora de aire POWER a 179 grados C.
4. Coloque las costillas en una cesta de la freidora de aire.
5. Freír al aire. Cocinar durante unos 13 minutos.
6. Sacar las costillas de la freidora de aire POWER y cubrirlas con el resto de la miel.
7. Servir caliente.

Nutrición: Calorías: 281 Grasa: 9g Proteína: 23g

126. Chuletas de cerdo glaseadas con balsámico

Tiempo de preparación: 5 minutos
Tiempo de cocción: 50 minutos
Raciones: 4
Ingredientes:
- 180ml de vinagre balsámico
- 1 ½ cucharadas de azúcar
- 1 cucharada de mantequilla
- 3 cucharadas de aceite de oliva
- 3 cucharadas de sal
- 3 chuletas de cerdo

Indicaciones:

1. Preparar los ingredientes. Poner todos los ingredientes en un bol y dejar marinar la carne en la nevera durante al menos 2 horas.
2. Precalentar la freidora de aire a 198°C.
3. Coloque el accesorio de la sartén de la parrilla en la freidora de aire.
4. Freír con aire. Ase las chuletas de cerdo durante 20 minutos asegurándose de darle la vuelta a la carne cada 10 minutos para que se ase de manera uniforme.
5. Mientras tanto, vierte el vinagre balsámico en un cazo y deja que se cocine a fuego lento durante al menos 10 minutos hasta que la salsa espese.
6. Pincelar la carne con el glaseado antes de servirla.

Nutrición: Calorías: 274 Grasas: 18g Proteínas: 17g

127. Costillas de cerdo rústicas

Tiempo de preparación: 5 minutos
Tiempo de cocción: 15 minutos
Raciones: 4
Ingredientes:

- 1 costillar de cerdo
- 3 cucharadas de vino tinto seco
- 1 cucharada de salsa de soja
- 1/2 cucharadita de tomillo seco
- 1/2 cucharadita de cebolla en polvo
- 1/2 cucharadita de ajo en polvo
- 1/2 cucharadita de pimienta negra molida
- 1 cucharadita de sal ahumada
- 1 cucharada de almidón de maíz
- 1/2 cucharadita de aceite de oliva

Indicaciones:

1. Preparar los ingredientes. Comience precalentando su freidora de aire POWER a 198 grados C. Coloque todos los ingredientes en un recipiente y déjelos marinar al menos 1 hora.
2. Freír al aire. Cocine las costillas marinadas aproximadamente 25 minutos a 198 grados C.
3. Servir caliente.

Nutrición: Calorías 309 Grasa: 11g Proteína: 21g

128. Chuletas de cerdo con costra de parmesano Keto

Preparation Time: 10 minutes
Cooking Time: 15 minutes
Servings: 8
Ingredientes:

- 3 cucharadas de queso parmesano rallado
- 1 Cucharada de migas de corteza de cerdo
- 2 huevos batidos
- ¼ cucharadita de chile en polvo
- ½ cucharadita de cebolla en polvo
- 1 cucharadita de pimentón ahumado
- ¼ cucharadita de pimienta
- ½ cucharadita de sal
- 4-6 chuletas de cerdo gruesas sin hueso

Indicaciones:

1. Preparar los ingredientes. Asegúrese de que su freidora de aire esté precalentada a 200 grados C.
2. Con pimienta y sal, sazone ambos lados de las chuletas de cerdo.
3. En un procesador de alimentos, pulse las cortezas de cerdo hasta convertirlas en migas. Mezcle las migas con los demás condimentos.
4. Batir los huevos y añadirlos a otro bol.
5. Sumergir las chuletas de cerdo en los huevos y luego en la mezcla de migas de corteza de cerdo.
6. Freír al aire. Rocíe la freidora de aire con aceite de oliva y añada las chuletas de cerdo a la cesta. Ajuste la temperatura a 200°C, y programe el tiempo a 15 minutos.

Nutrición: Calorías 422 Grasa: 19g Proteína: 38g

129. Chuletas de cerdo fritas crujientes al estilo sureño

Tiempo de preparación: 10 minutos
Tiempo de cocción: 25 minutos
Raciones: 4
Ingredientes:

- 62g de harina común
- 125ml de suero de leche bajo en grasa
- ½ cucharadita de pimienta negra
- ½ cucharadita de salsa Tabasco
- 1 cucharadita de pimentón
- 3 chuletas de cerdo con hueso

Indicaciones:

1. Preparar los ingredientes. Poner el suero de leche y la salsa picante en una bolsa Ziploc y

añadir las chuletas de cerdo. Dejar marinar durante al menos una hora en la nevera.

2. En un bol, combinar la harina, el pimentón y la pimienta negra.
3. Sacar la carne de cerdo de la bolsa Ziploc y pasarla por la mezcla de harina.
4. Precalentar la freidora de aire a 198°C.
5. Rocíe las chuletas de cerdo con aceite de cocina.
6. Freír al aire. Coloque en la cesta de la freidora de aire y cocine durante 25 minutos.

Nutrición: Calorías 427 Grasas: 21,2g Proteínas: 46.4g

130. Quesadilla de cerdo frito

Tiempo de preparación: 10 minutos
Tiempo de cocción: 12 minutos
Raciones: 2
Ingredientes:
- Dos tortillas de maíz o harina de 15 centímetros
- 1 paleta de cerdo mediana, de aproximadamente 113g, en rodajas
- ½ cebolla blanca mediana, cortada en rodajas
- ½ pimiento rojo mediano, cortado en rodajas
- ½ pimiento verde mediano, en rodajas
- ½ pimiento amarillo mediano, en rodajas
- 59g de queso pepper-jack rallado
- 59g de queso mozzarella rallado

Indicaciones:
1. Preparar los ingredientes. Precalentar la freidora de aire POWER a 176 grados C.
2. En el horno a fuego alto durante 20 minutos, ase la carne de cerdo, la cebolla y los pimientos en papel de aluminio en la misma sartén, permitiendo que la humedad de las verduras y el jugo de la carne de cerdo se mezclen. Saque del horno la carne de cerdo y las verduras en papel de aluminio. Mientras se enfrían, espolvoree la mitad del queso rallado sobre una de las tortillas, luego cubra con los trozos de cerdo, las cebollas y los pimientos, y luego coloque el resto del queso rallado. Cubra con la segunda tortilla. Colocar directamente sobre la superficie caliente de la cesta de la freidora de aire POWER.
3. Freír al aire. Ajuste el temporizador de la freidora de aire POWER para 6 minutos.

Después de 6 minutos, cuando la freidora de aire POWER se apague, déle la vuelta a las tortillas por el otro lado con una espátula; el queso debe estar lo suficientemente derretido como para que no se deshaga, ¡pero tenga cuidado de todos modos de no derramar ningún aderezo!

4. Vuelve a poner la freidora de aire POWER a 176 grados C durante otros 6 minutos.
5. Después de 6 minutos, cuando la freidora de aire se apague, las tortillas deben estar doradas y crujientes, y la carne de cerdo, la cebolla, los pimientos y el queso estarán crujientes, calientes y deliciosos. Retirar con unas pinzas y dejar reposar en un plato de servir para que se enfríe durante unos minutos antes de cortar en rodajas.

Nutrición: Calorías 309 Grasa: 11g Proteína: 21g

131. Maravilloso Wonton de Cerd

Tiempo de preparación: 10 minutos
Tiempo de cocción: 25 minutos
Raciones: 3
Ingredientes:
- 8 envoltorios de wanton (la marca Leasa funciona muy bien, aunque cualquiera sirve)
- 113g de carne de cerdo picada cruda
- 1 manzana verde de tamaño medio
- 250ml de agua, para mojar los envoltorios wanton
- 1 cucharada de aceite vegetal
- ½ cucharada de salsa de ostras
- 1 cucharada de salsa de soja
- Una pizca de pimienta blanca molida

Indicaciones:
1. Preparar los ingredientes. Cubra la cesta de la freidora de aire POWER con un forro de papel de aluminio, dejando los bordes al descubierto para que el aire circule por la cesta. Precaliente la freidora de aire a 176 grados C.
2. En un bol pequeño, mezcle la salsa de ostras, la salsa de soja y la pimienta blanca, añada la carne de cerdo picada y remueva bien. Tápelo y póngalo a marinar en la nevera durante al menos 15 minutos. Descorazona la manzana

y córtala en dados pequeños, más pequeños que los trozos de un bocado.

3. Añadir las manzanas a la mezcla de carne marinada y mezclar bien. Extienda los envoltorios de wonton y rellene cada uno con una cucharada grande del relleno. Envuelva los wontons en triángulos, de manera que los envoltorios cubran completamente el relleno, y séllelos con una gota de agua.

4. Cubrir cada wonton relleno y envuelto con el aceite vegetal, para ayudar a asegurar una buena fritura crujiente. Coloque los wontons en la cesta de la freidora de aire forrada con papel de aluminio.

5. Freír al aire. Ajuste el temporizador de la freidora de aire POWER a 25 minutos. A mitad del tiempo de cocción, agite enérgicamente el asa de la cesta de la freidora de aire para sacudir los wontons y asegurar una fritura uniforme. Después de 25 minutos, cuando la freidora de aire POWER se apague, los wontons estarán crujientes y dorados por fuera y jugosos y deliciosos por dentro. Sírvalos directamente de la cesta de la freidora de aire POWER y disfrútelos mientras estén calientes.

Nutrición: Calorías: 273 Grasa: 10g Proteína: 20g

132. Barbacoa de cerdo con cilantro y menta al estilo tailandés

Tiempo de preparación: 5 minutos
Tiempo de cocción: 15 minutos
Raciones: 3
Ingredientes:
- 1 chile picante picado
- 1 chalote picado
- 453g de carne de cerdo molida
- 2 cucharadas de salsa de pescado
- 2 cucharadas de zumo de lima
- 3 cucharadas de albahaca
- 3 cucharadas de menta picada
- 3 cucharadas de cilantro

Indicaciones:
1. Preparar los ingredientes. En un plato llano, mezclar bien todos los Ingredientes con las manos. Formar óvalos de una pulgada.

2. Ensartar los óvalos en las brochetas. Colocar en la rejilla de pinchos de la freidora de aire.

3. Freír al aire Durante 15 minutos, cocine a 182°C. A mitad del tiempo de cocción, voltee las brochetas. Si es necesario, cocine en tandas.

4. Servir y disfrutar.

Nutrición: Calorías 455 Grasas: 31,5g Proteínas: 40.4g

133. Chuletas de cerdo toscanas

Tiempo de preparación: 10 minutos
Tiempo de cocción: 10 minutos
Raciones: 4
Ingredientes:
- 31g de harina de uso general
- 1 cucharadita de sal
- 3/4 de cucharadita de pimienta sazonada
- 4 chuletas de cerdo deshuesadas (de 2.5cm de grosor)
- 1 cucharada de aceite de oliva
- 3 ó 4 dientes de ajo
- 80ml de vinagre balsámico
- 80ml de caldo de pollo
- 3 tomates ciruela, sin semillas y cortados en dados
- 3 cucharadas de alcaparras

Indicaciones:
1. Preparar los ingredientes. Combinar la harina, la sal y la pimienta.

2. Presionar las chuletas de cerdo en la mezcla de harina por ambos lados hasta cubrirlas uniformemente.

3. Freír al aire. Cocine en su freidora de aire POWER a 182 grados C durante 14 minutos, dándole la vuelta a mitad de camino.

4. Mientras se cocinan las chuletas de cerdo, caliente el aceite de oliva en una sartén mediana.

5. Añada el ajo y saltee durante 1 minuto; luego mezcle el vinagre y el caldo de pollo.

6. Añadir las alcaparras y los tomates y poner a fuego alto.

7. Llevar la salsa a ebullición, removiendo regularmente, y luego añadir las chuletas de cerdo, cocinándolas durante un minuto.

8. Retirar del fuego y tapar durante unos 5 minutos para que el cerdo absorba parte de la salsa; servir caliente.

Nutrición: Calorías: 349 Grasas: 23g Proteínas: 20g

134. Chuletas de cerdo empanadas con parmesano italiano

Tiempo de preparación: 5 minutos
Tiempo de cocción: 25 minutos
Raciones: 5

Ingredientes:
- 5 (100 a 142 gramos) chuletas de cerdo (con o sin hueso)
- 1 cucharadita de condimento italiano
- Sal para sazonar
- Pimienta
- 31g de harina para todo uso
- 2 cucharadas de pan rallado italiano
- 3 cucharadas de queso parmesano finamente rallado
- Aceite de cocina

Indicaciones:
1. Preparar los ingredientes. Sazona las chuletas de cerdo con el condimento italiano y sal y pimienta al gusto.
2. Espolvorear la harina por ambos lados de las chuletas de cerdo y, a continuación, pasar ambos lados por el pan rallado y el queso parmesano.
3. Freír al aire. Coloque las chuletas de cerdo en la freidora de aire POWER. Puedes apilarlas. Rocíe las chuletas de cerdo con aceite de cocina. Cocine durante 6 minutos.
4. Abra la freidora de aire POWER y dé la vuelta a las chuletas de cerdo. Cocine durante 6 minutos más.
5. Enfríe antes de servir. En lugar de sal para condimentar, puede utilizar aliños para pollo o cerdo para darle más sabor. Puede encontrar estos aliños en el pasillo de las especias del supermercado.

Nutrición: Calorías: 334 Grasas: 7g Proteínas: 34g

135. Cerdo asado crujiente con ajo y sal

Tiempo de preparación: 5 minutos
Tiempo de cocción: 45 minutos
Raciones: 4

Ingredientes:
- 1 cucharadita de polvo de cinco especias chinas
- 1 cucharadita de pimienta blanca
- 906g de panza de cerdo
- 2 cucharaditas de sal de ajo

Indicaciones:
1. Preparar los ingredientes. Precalentar la freidora de aire a 198°C.
2. Mezclar todas las especias en un bol para crear el aliño seco.
3. Marcar la piel de la panza de cerdo con un cuchillo y sazonar todo el cerdo con el aliño de especias.
4. Freír al aire. Colocar en la cesta de la freidora de aire y cocinar durante 40 a 45 minutos hasta que la piel esté crujiente.
5. Picar antes de servir.

Nutrición: Calorías: 785 Grasas: 80,7g Proteínas: 14,2g

136. Cerdo Satay de Cacahuetes

Tiempo de preparación: 5 minutos
Tiempo de cocción: 12 minutos
Raciones: 5

Ingredientes:
- 312g de filete de cerdo, cortado en tiras del tamaño de un bocado
- 4 Dientes de Ajo, machacados
- 1 cucharadita de jengibre en polvo
- 2 cucharadas de pasta de chile
- 2 cucharadas de salsa de soja dulce
- 2 cucharadas de aceite vegetal
- 1 Chalote, finamente picado
- 1 cucharadita de cilantro molido
- 180ml de leche de coco
- 36g de cacahuetes molidos

Indicaciones:
1. Preparar los ingredientes. Mezclar la mitad del ajo en un plato con el jengibre, una cucharada de salsa de soja dulce y una cucharada de aceite. Incorpore la carne a la mezcla y déjela marinar durante 15 minutos

2. Precalentar la freidora de aire POWER a 198 grados C

3. Freír con aire. Coloque la carne marinada en la freidora de aire POWER. Ajuste el temporizador a 12 minutos y ase la carne hasta que esté dorada y hecha. Girar una vez mientras se asa.

4. Mientras tanto, prepare la salsa de cacahuetes calentando la cucharada de aceite restante en una sartén y salteando suavemente la chalota con el ajo. Añadir el cilantro y freír hasta que esté fragante

5. Mezclar la leche de coco y los cacahuetes con la pasta de chile y la salsa de soja restante con la mezcla de chalota y hervir suavemente durante 5 minutos, sin dejar de remover

6. Rocíe sobre la carne cocida y sirva con arroz

Nutrición: Calorías: 349 Grasas: 23g Proteínas: 20g

137. Chuletas de cerdo empanadas crujientes

Tiempo de preparación: 10 minutos
Tiempo de cocción: 15 minutos
Raciones: 8
Ingredientes:
- 1/8 cucharadita de pimienta
- ¼ cucharadita de chile en polvo
- ½ cucharadita de cebolla en polvo
- ½ cucharadita de ajo en polvo
- 1 ¼ cucharadita de pimentón dulce
- 2 cucharadas de queso parmesano rallado
- 38g de migas de maíz trituradas
- 62gde pan rallado panko
- 1 huevo batido
- 6 chuletas de cerdo deshuesadas cortadas en el centro

Indicaciones:
1. Preparar los ingredientes. Asegúrese de que su freidora de aire esté precalentada a 200 grados C. Rocíe la cesta con aceite de oliva.
2. Con ½ cucharadita de sal y pimienta, sazone ambos lados de las chuletas de cerdo.
3. Combine ¾ de cucharadita de sal con pimienta, chile en polvo, cebolla en polvo, ajo en polvo, pimentón, migas de maíz, pan rallado panko y queso parmesano.
4. Batir el huevo en otro bol.

5. Sumergir las chuletas de cerdo en el huevo y luego en la mezcla de migas.
6. Añadir las chuletas de cerdo a la freidora de aire y rociarlas con aceite de oliva.
7. Freír al aire. Ajuste la temperatura a 200°C y el tiempo a 12 minutos. Cocine 12 minutos, asegurándose de darle la vuelta a mitad de la cocción.
8. Sólo agregue 3 chuletas a la vez y repita el proceso con las chuletas de cerdo restantes.

Nutrición: Calorías: 378 Grasas: 13g Proteínas: 33g

138. Albóndigas de jengibre, ajo y cerdo

Tiempo de preparación: 10 minutos
Tiempo de cocción: 15 minutos
Raciones: 8
Ingredientes:
- ¼ cucharadita de pimienta roja triturada
- ½ cucharadita de azúcar
- 1 cucharada de jengibre fresco picado
- 1 cucharada de ajo picado
- 1 cucharadita de aceite de canola
- 1 cucharadita de aceite de sésamo tostado
- 18 envoltorios de albóndigas
- 2 cucharadas de vinagre de arroz
- 2 cucharaditas de salsa de soja
- 386g de bok choy picado
- 113g de carne de cerdo picada

Indicaciones:
1. Preparar los ingredientes. Caliente el aceite en una sartén y saltee el jengibre y el ajo hasta que estén fragantes. Incorporar la carne de cerdo picada y cocinar durante 5 minutos.
2. Incorporar el bok choy y la pimienta roja triturada. Sazonar con sal y pimienta al gusto. Deje que se enfríe.
3. Colocar la mezcla de carne en el centro de los envoltorios de albóndigas. Doblar los envoltorios para sellar la mezcla de carne.
4. Colocar el bok choy en la sartén de la parrilla.
5. Freír al aire. Cocine las albóndigas en la freidora de aire a 165 °C durante 15 minutos.
6. Mientras tanto, prepare la salsa para mojar combinando los ingredientes restantes en un bol.

Nutrición: Calorías: 137 Grasas: 5g Proteínas: 7g

139. Paleta de cerdo caramelizada

Tiempo de preparación: 10 minutos
Tiempo de cocción: 20 minutos
Raciones: 8

Ingredientes:

- 80ml de salsa de soja
- 2 cucharadas de azúcar
- 1 cucharada de miel
- Paleta de cerdo de 906g, cortada en rodajas de 4 cm de grosor

Indicaciones:

1. Preparar los ingredientes. En un bol, mezclar todos los ingredientes excepto la carne de cerdo.
2. Añadir la carne de cerdo y cubrirla con la marinada generosamente.
3. Tapar y refrigerar para que se marine durante unas 2-8 horas.
4. Precaliente la freidora de aire POWER a 168 grados C.
5. Freír con aire. Coloque la carne de cerdo en una cesta de la freidora de aire.
6. Cocine durante unos 10 minutos.
7. Ahora, ponga la freidora de aire POWER a 198 grados C. Cocine durante unos 10 minutos

Nutrición: Calorías: 281 Grasas: 9g Proteínas: 23g

140. Asado de cerdo al curry en salsa de coco

Tiempo de preparación: 10 minutos
Tiempo de cocción: 60 minutos
Raciones: 6

Ingredientes:

- ½ cucharadita de curry en polvo
- ½ cucharadita de cúrcuma en polvo
- 1 lata (383g) de leche de coco sin azúcar
- 1 cucharada de azúcar
- 2 cucharadas de salsa de pescado
- 2 cucharadas de salsa de soja
- 1.3Kg de paleta de cerdo
- Sal y pimienta al gusto

Indicaciones:

1. Preparar los ingredientes. Colocar todos los Ingredientes en un bol y dejar marinar la carne en la nevera durante al menos 2 horas.
2. Precalentar la freidora de aire a 198°C.
3. Coloque el accesorio de la sartén de la parrilla en la freidora de aire.
4. Freír con aire. Ase la carne durante 20 minutos asegurándose de voltear el cerdo cada 10 minutos para que se ase de manera uniforme y cocine en tandas.
5. Mientras tanto, vierta la marinada en una cacerola y déjela cocer a fuego lento durante 10 minutos hasta que la salsa espese.
6. Bañar el cerdo con la salsa antes de servirlo.

Nutrición: Calorías: 688 Grasas: 52g Proteínas: 17g

141. Ensalada de cerdo y verduras mixtas

Tiempo de preparación: 10 minutos
Tiempo de cocción: 15 minutos
Raciones: 4

Ingredientes:

- 906g de lomo de cerdo, cortadas en rodajas de 2.5cm (ver Consejo)
- 1 cucharadita de aceite de oliva
- 1 cucharadita de mejorana seca
- 1/8 de cucharadita de pimienta negra recién molida
- 1.4Kg de ensalada verde mixta
- 1 pimiento rojo, cortado en rodajas (ver Consejo)
- 1 paquete (227g) de champiñones, en rodajas (ver Consejo)
- 79g de aderezo de vinagreta bajo en sodio y en grasas

Indicaciones:

1. En un bol mediano, mezclar las lonchas de cerdo y el aceite de oliva. Revuelva para cubrir.
2. Espolvorear con la mejorana y la pimienta y frotarlas en la carne de cerdo.
3. Ase la carne de cerdo en la freidora de aire, en tandas, durante unos 4 a 6 minutos, o hasta que la carne de cerdo alcance al menos 63 °C en un termómetro de carne.
4. Mientras tanto, en un recipiente para servir, mezcle las verduras de la ensalada, el pimiento rojo y los champiñones. Mezclar suavemente.

5. Cuando la carne de cerdo esté cocida, agregue las rebanadas a la ensalada. Rociar con la vinagreta y mezclar suavemente. Servir inmediatamente.

Nutrición: Calorías: 172 Grasas: 5g Proteínas: 2g

142. Satay de cerdo

Tiempo de preparación: 15 minutos
Tiempo de cocción: 9-14 minutos
Raciones: 4

Ingredientes:
- 1 lomo de cerdo (453g), cortado en cubos de 4 cm
- 19g de cebolla picada
- 2 dientes de ajo picados
- 1 chile jalapeño, picado
- 2 cucharadas de zumo de lima recién exprimido
- 2 cucharadas de leche de coco
- 2 cucharadas de mantequilla de cacahuete sin sal
- 2 cucharaditas de curry en polvo

Indicaciones:
1. En un bol mediano, mezcle la carne de cerdo, la cebolla, el ajo, el jalapeño, el zumo de lima, la leche de coco, la mantequilla de cacahuete y el curry en polvo hasta que estén bien combinados. Dejar reposar durante 10 minutos a temperatura ambiente.
2. Con una cuchara ranurada, retire la carne de cerdo de la marinada. Reservar la marinada.
3. Ensartar la carne de cerdo en unos 8 pinchos de bambú (ver Consejo, aquí) o de metal. Asar durante 9 a 14 minutos, rociando una vez con la marinada reservada, hasta que la carne de cerdo alcance al menos 63 °C en un termómetro de carne. Deseche la marinada restante. Sirva inmediatamente.

Nutrición: Calorías: 194 Grasas: 7g Proteínas: 25g

143. Hamburguesas de cerdo con ensalada de lombarda

Tiempo de preparación: 20 minutos
Tiempo de cocción: 7-9 minutos
Raciones: 4

Ingredientes:

- 148g de yogur griego
- 2 cucharadas de mostaza baja en sodio, divididas
- 1 cucharada de zumo de limón
- 15g de col roja en rodajas
- 23g de zanahorias ralladas
- 453g de carne magra de cerdo molida
- ½ cucharadita de pimentón
- 256 de lechugas verdes mixtas
- 2 tomates pequeños, en rodajas
- 8 panecillos pequeños de trigo integral bajo en sodio, cortados por la mitad

Indicaciones:
1. En un tazón pequeño, combine el yogur, 1 cucharada de mostaza, el jugo de limón, la col y la mezcla de zanahorias y refrigere.
2. En un bol mediano, combinar la carne de cerdo, la cucharada restante de mostaza y el pimentón. Formar 8 hamburguesas pequeñas.
3. Ponga las hamburguesas en la cesta de la freidora. Asar durante 7 a 9 minutos, o hasta que las hamburguesas registren 63°C al probarlas con un termómetro de carne.
4. Montar las hamburguesas colocando parte de la lechuga verde en el fondo de un bollo. Coloque una rodaja de tomate, las hamburguesas y la mezcla de col. Añada la parte superior del bollo y sirva inmediatamente.

Nutrición: Calorías 472 Grasas 15g Proteínas: 35g

144. Lomo de cerdo crujiente a la mostaza

Tiempo de preparación: 10 minutos
Tiempo de cocción: 12-16 minutos
Raciones: 4

Ingredientes:
- 3 cucharadas de mostaza en grano baja en sodio
- 2 cucharaditas de aceite de oliva
- ¼ de cucharadita de mostaza en polvo
- 1 lomo de cerdo (453g), con la piel plateada y el exceso de grasa recortados y desechados (ver Consejo, aquí)
- 2 rebanadas de pan integral bajo en sodio, desmenuzadas

- 39g de nueces molidas (ver Consejo)
- 2 cucharadas de maicena

Indicaciones:

1. En un bol pequeño, mezcle la mostaza, el aceite de oliva y la mostaza en polvo. Unte esta mezcla sobre la carne de cerdo.
2. En un plato, mezcle el pan rallado, las nueces y la maicena. Sumerja el cerdo cubierto de mostaza en la mezcla de migas para cubrirlo.
3. Fría el cerdo al aire libre de 12 a 16 minutos o hasta que el termómetro de carne registre al menos 63°C. Cortar en rodajas para servir.

Nutrición: Calorías: 239 Grasas: 9g Proteínas: 26g

145. Lomo de cerdo a la manzana

Tiempo de preparación: 10 minutos
Tiempo de cocción: 14-19 minutos
Raciones: 4

Ingredientes:

- 1 lomo de cerdo (453g), cortado en 4 trozos (ver Consejo)
- 1 cucharada de mantequilla de manzana
- 2 cucharaditas de aceite de oliva
- 2 manzanas Granny Smith o Jon gold, en rodajas
- 3 tallos de apio en rodajas
- 1 cebolla en rodajas
- ½ cucharadita de mejorana seca
- 80ml de zumo de manzana

Indicaciones:

1. Frotar cada pieza de cerdo con la mantequilla de manzana y el aceite de oliva.
2. En un bol metálico mediano, mezclar la carne de cerdo, las manzanas, el apio, la cebolla, la mejorana y el zumo de manzana.
3. Colocar el bol en la freidora de aire y asar de 14 a 19 minutos, o hasta que la carne de cerdo alcance al menos 63°C en un termómetro de carne y las manzanas y las verduras estén tiernas. Remover una vez durante la cocción. Servir inmediatamente.

Nutrición: Calorías: 213 Grasas: 5g Proteínas: 24g

146. Lomo de cerdo a la parrilla con espresso

Tiempo de preparación: 15 minutos
Tiempo de cocción: 9-11 minutos
Raciones: 4

Ingredientes:

- 1 cucharada de azúcar moreno envasado
- 2 cucharaditas de café expreso en polvo
- 1 cucharadita de pimentón molido
- ½ cucharadita de mejorana seca
- 1 cucharada de miel
- 1 cucharada de zumo de limón recién exprimido
- 2 cucharaditas de aceite de oliva
- 1 lomo de cerdo (453g)

Indicaciones:

1. En un tazón pequeño, mezcle el azúcar moreno, el polvo de espresso, el pimentón y la mejorana.
2. Incorporar la miel, el zumo de limón y el aceite de oliva hasta que estén bien mezclados.
3. Extender la mezcla de miel sobre el cerdo y dejar reposar durante 10 minutos a temperatura ambiente.
4. Asar el lomo en la cesta de la freidora durante 9 a 11 minutos, o hasta que la carne de cerdo registre al menos 63 °C en un termómetro de carne. Cortar la carne en rodajas para servir.

Nutrición: Calorías 177 Grasas: 5g Proteínas: 23g

147. Cerdo y patatas

Tiempo de preparación: 5 minutos
Tiempo de cocción: 25 minutos
Raciones: 4

Ingredientes:

- 500g de patatas cremosas, enjuagadas y secadas
- 2 cucharaditas de aceite de oliva (ver Consejo)
- 1 lomo de cerdo (453g), cortado en cubos de 2.5cm
- 1 cebolla picada
- 1 pimiento rojo picado
- 2 dientes de ajo, picados
- ½ cucharadita de orégano seco
- 2 cucharadas de caldo de pollo bajo en sodio

Indicaciones:

1. En un cuenco mediano, revuelve las patatas y el aceite de oliva para cubrirlas.

2. Pasar las patatas a la cesta de la freidora de aire. Asar durante 15 minutos.
3. En un bol metálico mediano, mezclar las patatas, la carne de cerdo, la cebolla, el pimiento rojo, el ajo y el orégano.
4. Rociar con el caldo de pollo. Poner el bol en la cesta de la freidora. Asar durante unos 10 minutos más, agitando la cesta una vez durante la cocción, hasta que la carne de cerdo alcance al menos 63 °C en un termómetro de carne y las patatas estén tiernas. Servir inmediatamente.

Nutrición: Calorías: 235 Grasas: 5g Proteínas: 26g

148. Brochetas de cerdo y frutas

Tiempo de preparación: 15 minutos
Tiempo de cocción: 9-12 minutos
Raciones: 4
Ingredientes:
- 110g de mermelada de albaricoque
- 2 cucharadas de zumo de limón recién exprimido
- 2 cucharaditas de aceite de oliva
- ½ cucharadita de estragón seco
- 1 lomo de cerdo (453g), cortado en cubos de 2.5cm
- 4 ciruelas, deshuesadas y cortadas en cuartos (ver Consejo)
- 4 albaricoques pequeños, deshuesados y cortados por la mitad (ver Consejo)

Indicaciones:
1. En un bol grande, mezclar la mermelada, el zumo de limón, el aceite de oliva y el estragón.
2. Añadir la carne de cerdo y remover para cubrirla. Dejar reposar durante 10 minutos a temperatura ambiente.
3. Alternando los elementos, ensarte la carne de cerdo, las ciruelas y los albaricoques en 4 brochetas de metal que encajen en la freidora de aire. Unte con la mezcla de mermelada restante. Deseche los restos de la marinada.
4. Asar las brochetas en la freidora de aire durante 9 a 12 minutos, o hasta que la carne de cerdo alcance los 63°C en un termómetro de carne y la fruta esté tierna. Servir inmediatamente.

Nutrición: Calorías: 256 Grasas 5g Proteínas: 24g

149. Brochetas de carne y verduras

Tiempo de preparación: 15 minutos
Tiempo de cocción: de 5 a 7 minutos
Raciones: 4
Ingredientes:
- 2 cucharadas de vinagre balsámico
- 2 cucharaditas de aceite de oliva
- ½ cucharadita de mejorana seca
- 1/8 cucharadita de pimienta negra recién molida
- 340g de filete redondo, cortado en trozos de 2.5cm
- 1 pimiento rojo, cortado en rodajas
- 16 champiñones de botón
- 211g de tomates cherry

Indicaciones:
1. En un bol mediano, mezcle el vinagre balsámico, el aceite de oliva, la mejorana y la pimienta negra.
2. Añadir el filete y remover para cubrirlo. Dejar reposar durante 10 minutos a temperatura ambiente.
3. Alternando los elementos, ensarte la carne, el pimiento rojo, los champiñones y los tomates en 8 brochetas de bambú (ver Consejo, aquí) o de metal que quepan en la freidora de aire.
4. Asar en la freidora durante 5 a 7 minutos, o hasta que la carne esté dorada y alcance al menos 63°C en un termómetro de carne. Sirva inmediatamente.

Nutrición: Calorías: 194 Grasas: 6g Proteínas: 31g

150. Bistec picante a la parrilla

Tiempo de preparación: 7 minutos
Tiempo de cocción: de 6 a 9 minutos
Raciones: 4
Ingredientes:
- 2 cucharadas de salsa baja en sodio
- 1 cucharada de chile chipotle picado
- 1 cucharada de vinagre de sidra de manzana
- 1 cucharadita de comino molido
- 1/8 de cucharadita de pimienta negra recién molida
- 1/8 de cucharadita de escamas de pimienta roja

- 340g de bistec de punta de solomillo, cortado en 4 trozos y machacado suavemente hasta obtener un grosor de 1cm

Indicaciones:

1. En un tazón pequeño, mezcle bien la salsa, el chile chipotle, el vinagre de sidra, el comino, la pimienta negra y las hojuelas de pimiento rojo. Frote esta mezcla en ambos lados de cada pieza de bistec. Dejar reposar durante 15 minutos a temperatura ambiente.
2. Asar los filetes en la freidora de aire, de dos en dos, durante 6 a 9 minutos, o hasta que alcancen al menos 63 °C en un termómetro de carne.
3. Retire los filetes a un plato limpio y cúbralos con papel de aluminio para mantenerlos calientes. Repetir con los filetes restantes.
4. Cortar los filetes en rodajas finas a contrapelo y servir.

Nutrición: Calorías 160 Grasas: 6g Proteínas: 24g

151. Sartén griega de verduras

Tiempo de preparación: 10 minutos
Tiempo de cocción: de 9 a 19 minutos
Raciones: 4
Ingredientes:

- 226g de carne molida magra del 96 por ciento
- 2 tomates medianos, picados
- 1 cebolla picada
- 2 dientes de ajo, picados
- 63g de espinacas tiernas frescas (ver Consejo)
- 2 cucharadas de zumo de limón recién exprimido
- 80ml de caldo de carne bajo en sodio
- 2 cucharadas de queso feta desmenuzado bajo en sodio

Indicaciones:

1. En una sartén metálica de 15 por 5 cm, desmenuce la carne de vacuno. Cocinar en la freidora de aire de 3 a 7 minutos, removiendo una vez durante la cocción, hasta que se dore. Escurra la grasa o el líquido.
2. Añadir los tomates, la cebolla y el ajo a la sartén. Fría al aire libre de 4 a 8 minutos más, o hasta que la cebolla esté tierna.
3. Añadir las espinacas, el zumo de limón y el caldo de carne. Sofríe de 2 a 4 minutos más, o hasta que las espinacas estén marchitas.

4. Espolvorear con el queso feta y servir inmediatamente.

Nutrición: Calorías: 97 Grasas: 1g Proteínas: 15g

152. Albóndigas ligeras con hierbas

Tiempo de preparación: 10 minutos
Tiempo de cocción: de 12 a 17 minutos
Raciones: 24
Ingredientes:

- 1 cebolla mediana, picada
- 2 dientes de ajo picados
- 1 cucharadita de aceite de oliva
- 1 rebanada de pan integral bajo en sodio, desmenuzada
- 3 cucharadas de leche al 1 por ciento
- 1 cucharadita de mejorana seca
- 1 cucharadita de albahaca seca
- 453g de carne molida magra del 96 por ciento

Indicaciones:

1. En una sartén de 15 por 5 cm, combine la cebolla, el ajo y el aceite de oliva. Fría al aire de 2 a 4 minutos, o hasta que las verduras estén crujientes y tiernas.
2. Pasar las verduras a un bol mediano y añadir el pan rallado, la leche, la mejorana y la albahaca. Mezclar bien.
3. Añadir la carne picada. Con las manos, trabajar la mezcla suavemente pero a fondo hasta que se combine. Formar la mezcla de carne en unas 24 albóndigas (de 1 pulgada).
4. Hornee las albóndigas, por tandas, en la cesta de la freidora de aire durante 12 a 17 minutos, o hasta que alcancen los 71°C en un termómetro de carne. Sirva inmediatamente.

Nutrición: Calorías: 190 Grasas: 6g Proteínas: 25g

153. Paleta de cerdo con especias

Tiempo de preparación: 15 minutos
Tiempo de cocción: 55 minutos
Raciones: 6
Ingredientes:

- 1 cucharadita de comino molido
- 1 cucharadita de pimienta de cayena
- 1 cucharadita de ajo en polvo

- Sal y pimienta negra molida, según sea necesario
- 906g de paleta de cerdo con piel

Indicaciones:

1. En un bol pequeño, mezclar las especias, la sal y la pimienta negra.
2. Disponer la paleta de cerdo en una tabla de cortar, con la piel hacia abajo.
3. Sazonar la cara interna de la paleta de cerdo con sal y pimienta negra.
4. Con hilo de cocina, atar la paleta de cerdo en forma de cilindro largo y redondo.
5. Sazonar la cara exterior de la paleta de cerdo con la mezcla de especias.
6. Introduzca la varilla del asador a través de la paleta de cerdo.
7. Introducir las horquillas del asador, una a cada lado de la varilla para asegurar la paleta de cerdo.
8. Coloque la bandeja de goteo en la parte inferior de la cámara de cocción del Horno Power Xl.
9. Seleccione "Roast" y luego ajuste la temperatura a 176 grados C.
10. Programe el temporizador para 55 minutos y pulse el "Start".
11. Cuando la pantalla muestre "Add Food" presione la palanca roja hacia abajo y cargue el lado izquierdo de la barra.
12. Ahora, deslice el lado izquierdo de la varilla en la ranura a lo largo de la barra metálica para que no se mueva.
13. A continuación, cierre la puerta y toque "Rotate".
14. Cuando el tiempo de cocción haya terminado, presione la palanca roja para liberar la varilla.
15. Saque la carne de cerdo y colóquela en una bandeja durante unos 10 minutos antes de cortarla.
16. Con un cuchillo afilado, cortar la paleta de cerdo en rodajas del tamaño deseado y servir.

Nutrición: Calorías 445 Grasas 32,5 g Proteínas 35,4 g

154. Lomo de cerdo sazonado

Tiempo de preparación: 10 minutos
Tiempo de cocción: 45 minutos
Raciones: 5
Ingredientes:

- 680g de lomo de cerdo
- 2-3 cucharadas de condimento para cerdo BBQ

Indicaciones:

1. Frote la carne de cerdo con el condimento generosamente.
2. Introduzca la varilla del asador a través del lomo de cerdo.
3. Inserte las horquillas del asador, una a cada lado de la varilla para asegurar el solomillo de cerdo.
4. Disponga la bandeja de goteo en la parte inferior de la cámara de cocción del Horno Power Xl.
5. Seleccione "Roast" y luego ajuste la temperatura a 182 grados C.
6. Programe el temporizador para 45 minutos y pulse el botón "Start".
7. Cuando la pantalla muestre "Add Food" presione la palanca roja hacia abajo y cargue el lado izquierdo de la barra en horno.
8. Ahora, deslice el lado izquierdo de la varilla en la ranura a lo largo de la barra metálica para que no se mueva.
9. A continuación, cierre la puerta y toque "Rotate".
10. Cuando el tiempo de cocción haya terminado, presione la palanca roja para liberar la varilla.
11. Saque la carne de cerdo y colóquela en una bandeja durante unos 10 minutos antes de cortarla.
12. Con un cuchillo afilado, corte el asado en rodajas del tamaño deseado y sirva.

Nutrición: Calorías 195 Grasas 4,8 g Proteínas 35,6 g

155. Solomillo de cerdo al ajo

Tiempo de preparación: 15 minutos
Tiempo de cocción: 20 minutos
Raciones: 5
Ingredientes:

- 680g de lomo de cerdo
- Spray antiadherente para cocinar
- 2 cabezas pequeñas de ajo asado
- Sal y pimienta negra molida, según sea necesario

Indicaciones:

1. Rociar ligeramente todos los lados de la carne de cerdo con aceite en aerosol y luego, sazonar con sal y pimienta negra.
2. Ahora, frote la carne de cerdo con ajo asado.
3. Disponga el asado en la bandeja de cocción ligeramente engrasada.
4. Disponga la bandeja de goteo en el fondo de la cámara de cocción del horno Power XL.
5. Seleccione "Air Fry" y luego ajuste la temperatura a 200 grados C.
6. Programe el temporizador para 20 minutos y pulse el botón "Start".
7. Cuando la pantalla muestre "Add Food" introduzca la bandeja de cocción en la posición central.
8. Cuando la pantalla muestre "Turn Food" gire el cerdo.
9. Cuando el tiempo de cocción haya finalizado, retire la bandeja del horno y coloque el asado en una bandeja durante unos 10 minutos antes de cortarlo.
10. Con un cuchillo afilado, corte el asado en rodajas del tamaño deseado y sírvalo.

Nutrición: Calorías 202 Grasas 4,8g Proteínas 35,9g

156. Lomo de cerdo glaseado

Tiempo de preparación: 15 minutos
Tiempo de cocción: 20 minutos
Raciones: 3
Ingredientes:
- Lomo de cerdo de 453g
- 2 cucharadas de Sriracha
- 2 cucharadas de miel
- Sal, según sea necesario

Indicaciones:
1. Introduzca la varilla del asador a través del lomo de cerdo.
2. Inserte las horquillas del asador, una a cada lado de la varilla para asegurar el solomillo de cerdo.
3. En un bol pequeño, añadir la Sriracha, la miel y la sal y mezclar bien.
4. Pincelar el solomillo de cerdo con la mezcla de miel de manera uniforme.
5. Coloca la bandeja de goteo en el fondo de la cámara de cocción del Power Xl.
6. Seleccione "Air Fry" y luego ajuste la temperatura a 176 grados C.

7. Programe el temporizador para 20 minutos y pulse el "Start".
8. Cuando la pantalla muestre "Add Food" presione la palanca roja hacia abajo y cargue el lado izquierdo de la barra en el horno.
9. Ahora, deslice el lado izquierdo de la varilla en la ranura a lo largo de la barra metálica para que no se mueva.
10. A continuación, cierre la puerta y toque "Rotate".
11. Cuando el tiempo de cocción haya terminado, presione la palanca roja para liberar la varilla.
12. Saque la carne de cerdo del horno y colóquela en una bandeja durante unos 10 minutos antes de cortarla.
13. Con un cuchillo afilado, corte el asado en rodajas del tamaño deseado y sírvalo.

Nutrición: Calorías 269 Grasas 5,3g Proteínas 39,7g

157. Lomo de cerdo a la mostaza y miel

Tiempo de preparación: 15 minutos
Tiempo de cocción: 25 minutos
Raciones: 3
Ingredientes:
- 453g de lomo de cerdo
- 1 cucharada de ajo picado
- 2 cucharadas de salsa de soja
- 2 cucharadas de miel
- 1 cucharada de mostaza de Dijon
- 1 cucharada de mostaza de grano
- 1 cucharadita de salsa Sriracha

Indicaciones:
1. En un cuenco grande, añadir todos los ingredientes, excepto la carne de cerdo, y mezclar bien.
2. Añadir el lomo de cerdo y cubrirlo con la mezcla generosamente.
3. Refrigere para que se marine durante 2-3 horas.
4. Retirar el solomillo de cerdo del bol, reservando la marinada.
5. Colocar el solomillo de cerdo en la bandeja de cocción ligeramente engrasada.
6. Disponga la bandeja de goteo en el fondo de la cámara de cocción del horno Power Xl.
7. Seleccione "Air Fry" y luego ajuste la temperatura a 193 grados C.

8. Ajuste el temporizador para 25 minutos y pulse el "Start".
9. Cuando la pantalla muestre "Add Food" introduzca la bandeja de cocción en la posición central.
10. Cuando la pantalla muestre "Turn Food" gire la carne de cerdo y la avena con la marinada reservada.
11. Cuando el tiempo de cocción se haya completado, retire la bandeja del horno y coloque el lomo de cerdo en una bandeja durante unos 10 minutos antes de cortarlo.
12. Con un cuchillo afilado, cortar el solomillo de cerdo en rodajas del tamaño deseado y servir.

Nutrición: Calorías 277 Grasas 5,7g Proteínas 40,7g

158. Chuletas de cerdo sazonadas

Tiempo de preparación: 10 minutos
Tiempo de cocción: 12 minutos
Raciones: 4
Ingredientes:
- 4 (170g) chuletas de cerdo deshuesadas
- 2 cucharadas de aliño para cerdo
- 1 cucharada de aceite de oliva

Indicaciones:
1. Unte ambos lados de las chuletas de cerdo con el aceite y luego, frótelas con los aliños para cerdo.
2. Colocar las chuletas de cerdo en la bandeja de cocción ligeramente engrasada.
3. Coloque la bandeja de goteo en el fondo de la cámara de cocción.
4. Seleccione "Air Fry" y luego ajuste la temperatura a 200 grados C.
5. Programe el temporizador para 12 minutos y pulse el "Start".
6. Cuando la pantalla muestre "Add Food" introduzca la bandeja de cocción en la posición central.
7. Cuando la pantalla muestre "Turn Food" gire las chuletas de cerdo.
8. Cuando el tiempo de cocción se haya completado, retire la bandeja del horno y sirva caliente.

Nutrición: Calorías 285 Grasas 9,5g Proteínas 44,5g

159. Chuletas de cerdo empanadas

Tiempo de preparación: 15 minutos
Tiempo de cocción: 28 minutos
Raciones: 2
Ingredientes:
- 2 (142g) chuletas de cerdo deshuesadas
- 250ml de suero de leche
- 62g de harina
- 1 cucharadita de ajo en polvo
- Sal y pimienta negra molida, según sea necesario
- Aceite de oliva en aerosol para cocinar

Indicaciones:
1. En un recipiente, coloque las chuletas y el suero de leche y refrigere, tapado durante unas 12 horas.
2. Sacar las chuletas del bol del suero de leche, desechando el suero de leche.
3. En un plato llano, mezclar la harina, el ajo en polvo, la sal y la pimienta negra.
4. Rebozar las chuletas con la mezcla de harina generosamente.
5. Colocar las chuletas de cerdo en la bandeja de cocción y rociarlas con el spray de cocina.
6. Disponga la bandeja de goteo en el fondo de la cámara de cocción del horno Power XL.
7. Seleccione "Air Fry" y luego ajuste la temperatura a 193 grados C.
8. Ajuste el temporizador para 28 minutos y pulse el "Start".
9. Cuando la pantalla muestre "Add Food" introduzca la bandeja de cocción en la posición central.
10. Cuando la pantalla muestre "Turn Food" gire las chuletas de cerdo.
11. Cuando el tiempo de cocción se haya completado, retire la bandeja del horno y sirva caliente.

Nutrición: Calorías 370 Grasas 6,4g Proteínas 44,6g

160. 160. Costillar de cordero en costra

Tiempo de preparación: 15 minutos
Tiempo de cocción: 19 minutos
Raciones: 4

Ingredientes:

- 1 costillar de cordero, sin grasa
- Sal y pimienta negra molida, según sea necesario
- 44g de pistachos, picados finamente
- 2 cucharadas de pan rallado panko
- 2 cucharaditas de tomillo fresco, picado finamente
- 1 cucharadita de romero fresco, finamente picado
- 1 cucharada de mantequilla derretida
- 1 cucharada de mostaza de Dijon

Indicaciones:

1. Introduzca la varilla del asador a través de la rejilla en el lado carnoso de las costillas, justo al lado del hueso.
2. Introduzca las horquillas del asador, una a cada lado de la varilla para asegurar la rejilla.
3. Sazone la rejilla con sal y pimienta negra de manera uniforme.
4. Disponga la bandeja de goteo en el fondo de la cámara de cocción del horno Power Xl.
5. Seleccione "Air Fry" y luego ajuste la temperatura a 193 grados C.
6. Ajuste el temporizador para 12 minutos y pulse el "Start".
7. Cuando la pantalla muestre "Add Food" presione la palanca roja hacia abajo y cargue el lado izquierdo de la barra en el horno.
8. Ahora, deslice el lado izquierdo de la varilla en la ranura a lo largo de la barra metálica para que no se mueva.
9. A continuación, cierre la puerta y toque "Rotate".
10. Mientras tanto, en un bol pequeño, mezcla el resto de los ingredientes excepto la mostaza.
11. Cuando el tiempo de cocción se haya completado, presione la palanca roja para liberar la varilla.
12. Sacar la rejilla y pincelar la parte de la carne con la mostaza.
13. A continuación, recubra la mezcla de pistachos por todos los lados de la rejilla y presione firmemente.
14. Ahora, coloque el costillar de cordero en la bandeja de cocción, con la carne hacia arriba.
15. Seleccione "Air Fry" y ajuste la temperatura a 193 grados C.
16. Ajuste el temporizador para 7 minutos y pulse el "Start".
17. Cuando la pantalla muestre "Add Food" introduzca la bandeja de cocción en la posición central.
18. Cuando la pantalla muestre "Turn Food" no haga nada.
19. Cuando el tiempo de cocción se haya completado, retire la bandeja del horno y coloque la rejilla sobre una tabla de cortar durante al menos 10 minutos.
20. Corte la rejilla en chuletas individuales y sirva.

Nutrición: Calorías 824 Grasas 39,3g Proteínas 72g

161. Camarones envueltos en tocino

Tiempo de preparación: 5 minutos
Tiempo de cocción: 5 minutos
Raciones: 4

Ingredientes:

- 586g de camarones tigre, pelados y desvenados
- 453g de tocino

Indicaciones:

1. Preparar los ingredientes. Envuelve cada gamba con una loncha de bacon.
2. Refrigerar durante unos 20 minutos.
3. Precalentar el horno de la freidora de aire XL a 198 grados C.
4. Freír al aire. Coloque las gambas en la rejilla/cesta del horno. Coloque la rejilla en el estante central del horno de la freidora de aire XL. Cocine durante unos 5-7 minutos.

Nutrición: Calorías 624 Grasas 43g Proteínas 70g

162. Filetes de pescado con pimentón crujiente

Tiempo de preparación: 5 minutos
Tiempo de cocción: 19 minutos
Raciones: 4

Ingredientes:

- 62g de pan rallado sazonado
- 1 cucharada de vinagre balsámico
- 1/2 cucharadita de sal sazonada
- 1 cucharadita de pimentón
- 1/2 cucharadita de pimienta negra molida
- 1 cucharadita de semillas de apio
- 2 filetes de pescado, cortados por la mitad
- 1 huevo batido

Indicaciones:

1. Preparar los ingredientes. Añade el pan rallado, el vinagre, la sal, el pimentón, la pimienta negra molida y las semillas de apio a tu procesador de alimentos. Procesa durante unos 30 segundos.

2. Rebozar los filetes de pescado con el huevo batido; luego, pasarlos por la mezcla de pan rallado.
3. Freír al aire. Cocine a 176 grados C durante unos 15 minutos.

Nutrición: Calorías 884 Grasas 43g Proteínas 80g

163. Salmón en la freidora

Tiempo de preparación: 5 minutos
Tiempo de cocción: 10 minutos
Raciones: 2

Ingredientes:

- ½ cucharadita de sal
- ½ cucharadita de ajo en polvo
- ½ cucharadita de pimentón ahumado
- Salmón

Indicaciones:

1. 1. Preparar los ingredientes. Mezclar las especias y espolvorearlas sobre el salmón.
2. 2. Colocar el salmón sazonado en el horno de la freidora de aire XL.
3. 3. Freír con aire. Ajuste la temperatura a 200°C y el tiempo a 10 minutos.

Nutrición: Calorías: 185 Grasas: 11g Proteínas: 21g

164. Camarones empanados dulces y salados

Tiempo de preparación: 5 minutos
Tiempo de cocción: 22 minutos
Raciones: 2

Ingredientes:

- 226g de gambas frescas, peladas y enjuagadas
- 2 huevos crudos
- 63g de pan rallado (nos gusta el Panko, pero cualquier marca o receta casera servirá)
- ½ cebolla blanca, pelada y enjuagada y finamente picada
- 1 cucharadita de pasta de jengibre y ajo
- ½ cucharadita de cúrcuma en polvo
- ½ cucharadita de chile rojo en polvo
- ½ cucharadita de comino en polvo
- ½ cucharadita de pimienta negra en polvo
- ½ cucharadita de polvo de mango seco

- Pizca de sal

Indicaciones:
1. Preparar los ingredientes. Cubra la cesta de la freidora de aire XL con un forro de papel de aluminio, dejando los bordes al descubierto para que el aire circule por la cesta.
2. Precaliente el horno de la freidora de aire XL a 176 grados.
3. En un bol grande, batir los huevos hasta que estén esponjosos y hasta que las yemas y las claras estén completamente combinadas.
4. Sumergir todas las gambas en la mezcla de huevos, sumergiéndolas completamente.
5. En un recipiente aparte, combinar el pan rallado con todos los ingredientes secos hasta que se mezclen uniformemente.
6. Uno a uno, rebozar los camarones cubiertos de huevo en la mezcla de ingredientes secos para que queden totalmente cubiertos, y colocarlos en la cesta de la freidora de aire forrada con papel de aluminio.
7. Freír al aire. Poner el temporizador de la freidora de aire en 20 minutos.
8. A mitad del tiempo de cocción, agite el mango de la freidora de aire para que las gambas empanadas se agiten en el interior y la cobertura de la fritura sea uniforme.
9. Al cabo de 20 minutos, cuando la freidora se apague, las gambas estarán perfectamente cocidas y su corteza empanada dorada y deliciosa. Con unas pinzas, sacarlas del horno de la freidora de aire y ponerlas en una fuente para que se enfríen.

Nutrición: Calorías 724 Grasas 37g Proteínas 72g

165. Paella rápida

Tiempo de preparación: 7 minutos
Tiempo de cocción: 15 minutos
Raciones: 4

Ingredientes:
- (283g) paquete de arroz cocido congelado, descongelado
- 1 frasco (170g) de corazones de alcachofa, escurridos y picados
- 60ml de caldo de verduras
- ½ cucharadita de cúrcuma
- ½ cucharadita de tomillo seco
- 80g de gambas pequeñas cocidas congeladas
- 76g de guisantes pequeños congelados
- 1 tomate, cortado en dados

Indicaciones:
1. Preparar los ingredientes. En una cacerola de 15 por 15 por 5 cm, combine el arroz, los corazones de alcachofa, el caldo de verduras, la cúrcuma y el tomillo, y revuelva suavemente.
2. Freír al aire. Colocar en el horno de la freidora de aire XL y hornear de 8 a 9 minutos o hasta que el arroz esté caliente. Retire del horno de la freidora de aire y añada suavemente las gambas, los guisantes y el tomate. Cocinar de 5 a 8 minutos o hasta que las gambas y los guisantes estén calientes y la paella burbujee.

Nutrición: Calorías: 345 Grasa: 1g Proteína: 18g

166. Camarones de coco

Tiempo de preparación: 15 minutos
Tiempo de cocción: 9 minutos
Raciones: 4

Ingredientes:
- (227g) lata de piña triturada
- 130g de crema agria
- 59g de conservas de piña
- claras de huevo
- 40g de fécula de maíz
- 50g de coco endulzado
- 126g de pan rallado panko
- 453g de camarones grandes sin cocinar, descongelados si están congelados, desvenados y sin cáscara
- Aceite de oliva para rociar

Indicaciones:
1. Preparar los ingredientes. Escurrir bien la piña triturada, reservando el jugo. En un tazón pequeño, combine la piña, la crema agria y las conservas, y mezcle bien. Dejar a un lado. En un bol poco profundo, batir las claras de huevo con 2 cucharadas del líquido de la piña reservado.
2. Colocar la maicena en un plato. Combinar el coco y el pan rallado en otro plato. Sumergir las gambas en la maicena, sacudirlas, pasarlas por la mezcla de claras de huevo y finalmente por la mezcla de coco. Colocar las gambas en

la rejilla/caja de la freidora de aire y rociar con aceite.

3. Freír al aire. Fría al aire durante 5 a 7 minutos o hasta que las gambas estén crujientes y doradas.

Nutrición: Calorías: 524 Grasa: 14g Proteína: 33g

167. Camarones fritos con cilantro y lima

Tiempo de preparación: 10 minutos
Tiempo de cocción: 9 minutos
Raciones: 4
Ingredientes:

- 453g de camarones crudos, pelados y desvenados, con las colas o sin ellas (ver consejo de preparación)
- 37g de cilantro fresco picado
- Zumo de 1 lima
- 1 huevo
- 62g de harina para todo uso
- 94g de pan rallado
- Sal
- Pimienta
- Aceite de cocina
- 119g de salsa de cóctel (opcional)

Indicaciones:

1. Preparar los ingredientes. Coloca los camarones en una bolsa de plástico y añade el cilantro y el zumo de lima. Selle la bolsa. Agitar para combinar. Deje marinar en el refrigerador durante 30 minutos.
2. En un tazón pequeño, bata el huevo. En otro bol pequeño, colocar la harina. En un tercer bol pequeño, colocar el pan rallado y salpimentar al gusto.
3. Rocíe la rejilla/canasta de la freidora de aire con aceite de cocina.
4. Saque las gambas de la bolsa de plástico. Pasar cada una de ellas por la harina, luego por el huevo y después por el pan rallado.
5. Freír al aire. Coloque las gambas en el horno de la freidora de aire XL. Está bien apilarlas. Rocíe las gambas con aceite de cocina. Cocine durante 4 minutos.
6. Abra el horno de la freidora de aire y dé la vuelta a las gambas. Recomiendo darles la vuelta individualmente en lugar de sacudirlas

para mantener el empanado intacto. Cocinar durante 4 minutos más, o hasta que estén crujientes.

7. Enfriar antes de servir. Servir con salsa de cóctel si se desea.

Nutrición: Calorías: 254 Grasas: 4g Proteínas: 29g

168. Atún al limón

Tiempo de preparación: 10 minutos
Tiempo de cocción: 9 minutos
Raciones: 4
Ingredientes:

- 2 latas (170g) de atún natural envasado en agua
- 2 cucharaditas de mostaza de Dijon
- 62g de pan rallado
- cucharada de zumo de lima fresco
- cucharadas de perejil fresco picado
- 1 huevo
- Chef man de salsa picante
- cucharadas de aceite de canola
- Sal y pimienta negra recién molida, al gusto

Indicaciones:

1. Preparar los ingredientes. Escurrir la mayor parte del líquido del atún en conserva.
2. En un bol, añadir el pescado, la mostaza, las migas, el zumo de cítricos, el perejil y la salsa picante y mezclar hasta que estén bien combinados. Añadir un poco de aceite de canola si parece demasiado seco. Añadir el huevo, la sal y remover para combinar. Haga las hamburguesas con la mezcla de atún. Refrigere las hamburguesas de atún durante unas 2 horas.
3. Freír al aire. Precaliente el horno de la freidora de aire a 179 grados C. Cocine durante unos 10-12 minutos.

Nutrición: Calorías 599 Grasas 37g Proteínas 55g

169. Filetes de salmón de soja a la parrilla

Tiempo de preparación: 5 minutos
Tiempo de cocción: 8 minutos
Raciones: 4
Ingredientes:

- 4 filetes de salmón

- 1/4 cucharadita de pimienta negra molida
- 1/2 cucharadita de pimienta de cayena
- 1/2 cucharadita de sal
- cucharadita de cebolla en polvo
- 1 cucharada de zumo de limón fresco
- 125ml de salsa de soja
- 125ml de agua
- 1 cucharada de miel
- cucharadas de aceite de oliva virgen extra

Indicaciones:
1. Preparar los ingredientes. En primer lugar, seque los filetes de salmón con papel de cocina. Sazona el salmón con pimienta negra, pimienta de cayena, sal y cebolla en polvo.
2. Para hacer la marinada, combine el zumo de limón, la salsa de soja, el agua, la miel y el aceite de oliva. Deje marinar el salmón durante al menos 2 horas en la nevera.
3. Coloque los filetes de pescado en una cesta de parrilla en su horno de la freidora de aire XL.
4. Freír al aire. Hornee a 165 grados C durante 8 o 9 minutos, o hasta que los filetes de salmón se desmenucen fácilmente con un tenedor.
5. Trabaje por tandas y sirva caliente.

Nutrición: Calorías 814 Grasas 39g Proteínas 70g

170. Tortas de cangrejo Old Bay

Tiempo de preparación: 10 minutos
Tiempo de cocción: 19 minutos
Raciones: 4
Ingredientes:
- 2 rebanadas de pan seco, sin corteza
- Pequeña cantidad de leche
- cucharada de mayonesa
- 1 cucharada de salsa Worcestershire
- 1 cucharada de levadura en polvo
- 1 cucharada de copos de perejil
- 1 cucharadita de condimento Old Bay
- 1/4 de cucharadita de sal
- 1 huevo
- 453g de carne de cangrejo en trozos

Indicaciones:
1. Preparar los ingredientes. Aplastar el pan sobre un bol grande hasta que se deshaga en trozos pequeños. Añadir la leche y remover hasta que el pan rallado se humedezca. Mezcle

la mayonesa y la salsa Worcestershire. Añadir el resto de los ingredientes y mezclar bien. Dar forma a 4 hamburguesas.
2. Freír al aire. Cocinar a 182 grados C durante 20 minutos, dar la vuelta a mitad de camino.

Nutrición: Calorías: 165 Grasas: 4,5g Proteínas: 24g

171. Vieiras y verduras de primavera

Tiempo de preparación: 10 minutos
Tiempo de cocción: 9 minutos
Raciones: 4
Ingredientes:
- 226g de espárragos cortados en trozos de 5 cm
- Taza de guisantes de presión de azúcar
- 453g de vieiras
- 1 cucharada de zumo de limón
- cucharadita de aceite de oliva
- ½ cucharadita de tomillo seco
- Una pizca de sal
- Pimienta negra recién molida

Indicaciones:
1. Preparar los ingredientes. Coloque los espárragos y los guisantes en la rejilla/cesta del horno. Coloque la rejilla en el estante central del horno de la freidora de aire XL.
2. Freír al aire. Cocinar de 2 a 3 minutos o hasta que las verduras empiecen a estar tiernas.
3. Mientras tanto, compruebe si las vieiras tienen un pequeño músculo pegado al costado, y retírelo y deséchelo.
4. En un bol mediano, mezcle las vieiras con el zumo de limón, el aceite de oliva, el tomillo, la sal y la pimienta. Colóquelas en la rejilla/cesta del horno sobre las verduras. Coloque la rejilla en el estante central del horno de la freidora de aire XL.
5. Freír al aire. Cocine al vapor de 5 a 7 minutos. Hasta que las vieiras estén apenas firmes y las verduras estén tiernas. Servir inmediatamente.

Nutrición: Calorías 162 Grasas: 4g Proteínas: 22g

172. Calamares fritos

Tiempo de preparación: 8 minutos

Tiempo de cocción: 7 minutos

Raciones: 6

Ingredientes:

- ½ cucharadita de sal
- ½ cucharadita de condimento Old Bay
- 41g de harina de maíz
- 62g de harina de sémola
- ½ cucharada de harina de almendra
- 1 Litro de aceite de oliva
- 226g de chipirones

Indicaciones:

1. Preparar los ingredientes. Enjuague los calamares en agua fría y corte los tentáculos, manteniendo sólo 1.2cm de la capucha en una sola pieza.
2. Combine 1-2 pizcas de pimienta, sal, condimento Old Bay, harina de maíz y ambas harinas. Pase los trozos de calamar por la mezcla de harina y colóquelos en la freidora de aire XL.
3. Freír al aire. Rocíe abundantemente con aceite de oliva. Cocinar 15 minutos a 173 grados C hasta que la capa se dore.

Nutrición: Calorías: 211 Grasas: 6g Proteínas: 21g

173. Camarones de soja y jengibre

Tiempo de preparación: 8 minutos

Tiempo de cocción: 10 minutos

Raciones: 4

Ingredientes:

- 2 cucharadas de aceite de oliva
- 2 cucharadas de cebolletas, picadas finamente
- 2 dientes de ajo picados
- cucharadita de jengibre fresco, rallado
- 1 cucharada de vino blanco seco
- 1 cucharada de vinagre balsámico
- 60ml de salsa de soja
- 1 cucharada de azúcar
- 453g de gambas
- Sal y pimienta negra molida, al gusto

Indicaciones:

1. Preparar los ingredientes. Para hacer la marinada, calienta el aceite en una cacerola; cocina todos los ingredientes, excepto las

gambas, la sal y la pimienta negra. Ahora, deja que se enfríe.

2. Marinar las gambas, tapadas, al menos una hora, en la nevera.
3. Freír al aire. Después, hornea las gambas a 176 grados C durante 8 a 10 minutos (dependiendo del tamaño), dándoles la vuelta una o dos veces. Sazone los camarones preparados con sal y pimienta negra y sírvalos de inmediato.

Nutrición: Calorías 624 Grasas 33g Proteínas 72g

174. Dedos de pescado crujientes con queso

Tiempo de preparación: 10 minutos

Tiempo de cocción: 19 minutos

Raciones: 4

Ingredientes:

- Filete grande de bacalao, aproximadamente 170-226g, fresco o congelado y descongelado, cortado en tiras de 4cm
- 2 huevos crudos
- 63g de pan rallado (nos gusta el Panko, pero cualquier marca o receta casera servirá)
- 2 cucharadas de queso parmesano rallado o en polvo
- cucharadas de queso cheddar rallado
- Una pizca de sal y pimienta

Indicaciones:

1. Preparar los ingredientes. Cubra la cesta de la freidora de aire XL con un forro de papel de aluminio, dejando los bordes al descubierto para que el aire circule por la cesta.
2. Precalentar el horno de la freidora de aire a 176 grados C.
3. En un bol grande, batir los huevos hasta que estén esponjosos y hasta que las yemas y las claras estén completamente combinadas.
4. Sumergir todas las tiras de pescado en los huevos batidos, sumergiéndolas completamente.
5. En un bol aparte, combinar el pan rallado con el parmesano, el cheddar y la sal y la pimienta, hasta que se mezclen uniformemente.
6. Uno a uno, reboce las tiras de pescado cubiertas de huevo en los ingredientes secos mezclados, de modo que queden totalmente cubiertas, y colóquelas en la rejilla/cesta del

horno forrada con papel de aluminio. Coloque la rejilla en el estante central del horno de la freidora de aire XL.

7. Freír con aire. Ajuste el temporizador de la freidora de aire a 20 minutos.

8. A mitad del tiempo de cocción, agite el mango de la freidora de aire para que el pescado empanado se agite en el interior y la cobertura de la fritura sea uniforme.

9. Al cabo de 20 minutos, cuando la freidora se apague, las tiras de pescado estarán perfectamente cocinadas y su corteza empanada dorada y deliciosa. Con unas pinzas, retire del horno de la freidora de aire y colóquelo en una fuente para que se enfríe.

Nutrición: Calorías 814 Grasas 31g Proteínas 71g

175. Tilapia con costra de panko

Tiempo de preparación: 5 minutos
Tiempo de cocción: 10 minutos
Raciones: 3
Ingredientes:
- 2 cucharaditas de condimento italiano
- 2 cucharaditas de pimienta de limón
- 42g de pan rallado panko
- 60g de claras de huevo
- 33g de harina de almendras
- 3 filetes de tilapia
- Aceite de oliva

Indicaciones:
1. Preparar los ingredientes. Coloque el panko, las claras de huevo y la harina en cuencos separados. Mezclar la pimienta de limón y el condimento italiano con el pan rallado.

2. Secar los filetes de tilapia. Pasar por harina, luego por huevo y después por la mezcla de pan rallado.

3. Freír al aire. Colóquelos en la rejilla/cesta del horno y rocíelos ligeramente con aceite de oliva. Coloque la rejilla en el estante central del horno de la freidora de aire XL.

4. Cocinar 10-11 minutos a 200 grados C, asegurándose de dar la vuelta a mitad de la cocción.

Nutrición: Calorías: 256 Grasas: 9g Proteínas: 39g

176. Pasteles de pescado con salsa de mango

Tiempo de preparación: 5 minutos
Tiempo de cocción: 9 minutos
Raciones: 4
Ingredientes:
- 453g de filetes de pescado blanco
- 1 Cucharada de coco molido
- 1 Mango maduro
- ½ cucharada de pasta de chile
- Cucharada de perejil fresco
- 1 Cebolla verde
- 1 Limón
- 1 Cucharadita de Sal
- 1 Huevo

Indicaciones:
1. Preparar los ingredientes. Para hacer el condimento, pelar y cortar el mango en cubos. Combínalo con media cucharadita de pasta de chile, una cucharada de perejil y la ralladura y el zumo de media lima.

2. En un procesador de alimentos, pulse el pescado hasta obtener una textura suave. Póngalo en un bol y añada la sal, el huevo, la cebolla verde picada, el perejil, dos cucharadas de coco y el resto de la pasta de chile y la ralladura y el zumo de lima. Combinar bien

3. Porcionar la mezcla en 10 bolas iguales y aplanarlas en forma de pequeñas hamburguesas. Vierta la cucharada de coco reservada en un plato y pase las hamburguesas por encima para cubrirlas.

4. Precalentar el horno de la freidora a 198 grados C

5. Freír al aire. Coloque las tortas de pescado en el horno de la freidora de aire XL y cocínelas durante 8 minutos. Deben estar crujientes y ligeramente dorados cuando estén listos. Servir calientes con salsa de mango

Nutrición: Calorías 624 Grasas 36g Proteínas 62g

177. Camarones explosivos

Tiempo de preparación: 10 minutos
Tiempo de cocción: 8 minutos
Raciones: 4
Ingredientes:

For the shrimp
- 453g de gambas crudas, peladas y desvenadas
- Sal
- Pimienta
- 1 huevo
- 62g de harina para todo uso
- 94g de pan rallado panko
- Aceite de cocina

Para la salsa de petardos
- 86g de crema agria
- 2 cucharadas de Sriracha
- 60ml de salsa de chile dulce

Indicaciones:
1. Preparar los ingredientes. Salpimentar las gambas al gusto. En un bol pequeño, bata el huevo. En otro tazón pequeño, coloque la harina. En un tercer bol pequeño, añadir el pan rallado panko.
2. Rocíe la rejilla/canasta del horno con aceite de cocina. Pase las gambas por la harina, luego por el huevo y por último por el pan rallado. Coloque las gambas en la rejilla/cesta del horno. Se pueden apilar. Rocíe las gambas con aceite de cocina. Coloque la Rejilla en el estante central del horno de la freidora de aire XL.
3. Freír al aire. Cocine durante 4 minutos. Abra el horno de la freidora de aire XL y dé la vuelta a las gambas. Recomiendo darles la vuelta individualmente en lugar de sacudirlas para mantener el empanado intacto. Cocinar durante 4 minutos más o hasta que estén crujientes.
4. Mientras se cocinan las gambas, prepara la salsa explosiva: En un bol pequeño, combina la crema agria, la Sriracha y la salsa de chile dulce. Mezclar bien. Servir con las gambas.

Nutrición: Calorías: 266 Grasas: 6g Proteínas: 27g

178. Pescado recubierto de semillas de sésamo

Tiempo de preparación: 10 minutos
Tiempo de cocción: 9 minutos
Raciones: 5
Ingredientes:
- 3 cucharadas de harina común
- 2 huevos

- 75g de semillas de sésamo tostadas
- 63g de pan rallado
- 1/8 de cucharadita de romero seco, machacado
- 3 cucharadas de aceite de oliva
- 5 filetes de pescado congelados (pescado blanco de su elección)

Indicaciones:
1. Preparar los ingredientes. En un plato llano, colocar la harina. En un segundo plato llano, batir los huevos. En un tercer plato llano, añadir el resto de los ingredientes excepto los filetes de pescado y mezclar hasta que se forme una mezcla desmenuzable.
2. Rebozar los filetes en la harina y sacudir el exceso de harina. A continuación, pasar los filetes por el huevo. Luego, cubra los filetes con la mezcla de semillas de sésamo en abundancia. Precaliente el horno de la freidora de aire XL a 198 grados C.
3. Freír en el aire. Forre una rejilla/cesta de la freidora de aire con un trozo de papel de aluminio. Coloque los filetes en la cesta preparada. Cocine durante unos 14 minutos, dándoles la vuelta una vez después de 10 minutos.

Nutrición: Calorías 524 Grasas 35g Proteínas 52g

179. Pescado crujiente al pimentón

Tiempo de preparación: 5 minutos
Tiempo de cocción: 15 minutos
Raciones: 4
Ingredientes:
- 63g de pan rallado sazonado
- cucharada de vinagre balsámico
- 1/2 cucharadita de sal sazonada
- 1 cucharadita de pimentón
- 1/2 cucharadita de pimienta negra molida
- 1 cucharadita de semillas de apio
- filetes de pescado, cortados por la mitad
- 1 huevo batido

Indicaciones:
1. Preparar los ingredientes. Añade el pan rallado, el vinagre, la sal, el pimentón, la pimienta negra molida y las semillas de apio a

tu procesador de alimentos. Procesa durante unos 30 segundos.

2. Rebozar los filetes de pescado con el huevo batido; luego, pasarlos por la mezcla de pan rallado.

3. Freír al aire. Cocine a 176 grados C durante unos 15 minutos.

Nutrición: Calorías 644 Grasas 25g Proteínas 64g

180. Camarones a la parmesana

Tiempo de preparación: 5 minutos
Tiempo de cocción: 10 minutos
Raciones: 4

Ingredientes:
- 2 cucharadas de aceite de oliva
- cucharadita de cebolla en polvo
- 1 cucharadita de albahaca
- ½ cucharadita de orégano
- 1 cucharadita de pimienta
- 63g de queso parmesano rallado
- 4 dientes de ajo picados
- 453g de camarones cocidos jumbo (pelados/desvenados)

Indicaciones:
1. Preparar los ingredientes. Mezclar todos los condimentos y mezclar suavemente las gambas con la mezcla.

2. Freír al aire. Rocíe aceite de oliva en la rejilla/cesta del horno y añada las gambas sazonadas. Coloque la rejilla en el estante central del horno de la freidora de aire XL. Cocine de 8 a 10 minutos a 176 grados C. Exprime el zumo de limón sobre las gambas justo antes de devorarlas.

Nutrición: Calorías: 351 Grasa: 11g Proteína: 19g

181. Filetes de pez espada asiático

Tiempo de preparación: 10 minutos
Tiempo de cocción: 9 minutos
Raciones: 4

Ingredientes:
- 4 (113g) filetes de pez espada
- ½ cucharadita de aceite de sésamo tostado
- chile jalapeño, finamente picado
- dientes de ajo, rallados

- cucharadas de zumo de limón recién exprimido
- 1 cucharada de jengibre fresco rallado
- ½ cucharadita de polvo de cinco especias chinas
- 1/8 de cucharadita de pimienta negra recién molida

Indicaciones
1. En una superficie de trabajo limpia, coloque los filetes de pez espada y pinte ambos lados del pescado con el aceite de sésamo.

2. Combine el zumo de limón, el jalapeño, el ajo, el jengibre, el polvo de cinco especias y la pimienta negra en un bol pequeño y remueva para mezclar bien. Frote la mezcla por todo el pescado hasta que esté completamente cubierto. Dejar reposar durante 10 minutos.

3. Cuando esté listo, coloque los filetes de pez espada en la cesta de freír al aire.

4. Coloque la cesta en la posición de freír al aire.

5. Selecciona Air Fry, ajusta la temperatura a 380°F (193°C) y ajusta el tiempo a 8 minutos. Dale la vuelta a los filetes a mitad de camino.

6. Cuando la cocción haya finalizado, retírelo de la parrilla de la freidora y déjelo enfriar durante 5 minutos antes de servirlo.

Nutrición: Calorías 624 Grasas 35g Proteínas 62g

182. Filetes de fletán crujientes

Tiempo de preparación: 5 minutos
Tiempo de cocción: 9 minutos
Raciones: 4

Ingredientes:
- 2 filetes medianos de fletán
- Una pizca de salsa tabasco
- cucharadita de curry en polvo
- ½ cucharadita de cilantro molido
- ½ cucharadita de pimentón picante
- Sal Kosher y granos de pimienta mixtos recién agrietados, al gusto
- huevos
- 47g de queso parmesano rallado
- 1½ cucharadas de aceite de oliva

Indicaciones
1. En una superficie de trabajo limpia, rocíe los filetes de mero con la salsa de tabasco. Espolvorear con el curry en polvo, el

pimentón picante, el cilantro, la sal y los granos de pimienta mixta molida. Dejar a un lado.

2. En un recipiente poco profundo, bata los huevos hasta que estén espumosos. En otro recipiente poco profundo, combinar el queso parmesano y el aceite de oliva.

3. De uno en uno, pasar los filetes de fletán por los huevos batidos, sacudiendo el exceso, y luego pasarlos por el queso parmesano hasta que queden uniformemente cubiertos.

4. Colocar los filetes de mero en la cesta de freír en una sola capa.

5. Coloque la cesta en la posición de tostado.

6. Seleccione Tostado, ajuste la temperatura a 365ºF (185ºC), y ajuste el tiempo a 10 minutos.

7. Cuando termine la cocción, el pescado debe estar dorado y crujiente. Deje enfriar durante 5 minutos antes de servir.

Nutrición: Calorías 864 Grasas 32g Proteínas 63g

183. Filete de salmón con tomate

Tiempo de preparación: 10 minutos
Tiempo de cocción: 16 minutos
Raciones: 4
Ingredientes:

- 4 (170g) filetes de salmón, secados con palmaditas
- cucharadita de sal kosher, dividida
- pintas de tomates cherry o de uva, cortados por la mitad si son grandes, divididos
- cucharadas de aceite de oliva virgen extra, divididas
- 2 dientes de ajo picados
- 1 pimiento rojo pequeño, sin semillas y picado
- 2 cucharadas de albahaca fresca picada, divididas

Indicaciones

1. Sazona ambos lados del salmón con ½ cucharadita de sal kosher.

2. Poner aproximadamente la mitad de los tomates en un bol grande, junto con 2 cucharadas de aceite de oliva, la ½ cucharadita restante de sal kosher, el pimiento, el ajo y 1 cucharada de albahaca. Mezclar para cubrir y luego transferir a la sartén.

3. Colocar los filetes de salmón en la sartén, con la piel hacia abajo. Untarlos con la cucharada restante de aceite de oliva.

4. Colocar la sartén en posición de tostado.

5. Selecciona Tostado, ajusta la temperatura a 375ºF (190ºC), y ajusta el tiempo a 15 minutos.

6. Después de 7 minutos, retire la sartén y añada el resto de los tomates. Vuelva a colocar la sartén en la parrilla de la freidora de aire y continúe la cocción.

7. Cuando esté cocido, retire la sartén del grill de la freidora. Servir espolvoreado con la cucharada de albahaca restante.

Nutrición: Calorías 774 Grasas 37g Proteínas 77g

184. Salmón Teriyaki con Bok Choy

Tiempo de preparación: 15 minutos
Tiempo de cocción: 15 minutos
Raciones: 4
Ingredientes:

- 180ml de salsa Teriyaki, dividida
- 4 (6 onzas / 170 g) filetes de salmón sin piel
- 4 cabezas de baby bok choy, con los extremos de la raíz recortados y cortados por la mitad a lo largo de la raíz
- cucharadita de aceite de sésamo
- 1 cucharada de aceite vegetal
- 1 cucharada de semillas de sésamo tostadas

Indicaciones

1. Deja a un lado 60 ml de salsa Teriyaki y vierte el resto de la salsa en una bolsa de plástico con cierre. Introduzca el salmón en la bolsa y ciérrela, sacando todo el aire posible. Deje que el salmón se marine durante al menos 10 minutos.

2. Coloca las mitades de bok choy en la sartén. Rocíe el aceite sobre las verduras y remuévalas para cubrirlas. Rocíe alrededor de 1 cucharada de la salsa Teriyaki reservada sobre el bok choy, luego empújelo hacia los lados de la sartén.

3. Coloca los filetes de salmón en el centro de la sartén.

4. Coloca la sartén en posición de tostado.

5. Selecciona Tostado, ajusta la temperatura a 375ºF (190ºC) y ajusta el tiempo a 15 minutos.

6. Cuando esté hecho, retira la sartén y unta el salmón con el resto de la salsa Teriyaki. Sirve adornado con las semillas de sésamo.

Nutrición: Calorías 624 Grasas 21g Proteínas 68g

185. filetes de pescado dorado

Tiempo de preparación: 20 minutos
Tiempo de cocción: 9 minutos
Raciones: 4

Ingredientes:
- 453g de filetes de pescado
- 1 cucharada de mostaza marrón gruesa
- 1 cucharadita de salsa Worcestershire
- ½ cucharadita de salsa picante
- Sal, al gusto
- Spray para cocinar

Recubrimiento de migas:
- 94g de pan rallado panko
- 31g de harina de maíz molida a la piedra
- ¼ de cucharadita de sal

Indicaciones
1. En su tabla de cortar, corte los filetes de pescado transversalmente en rodajas, de aproximadamente 2.5cm de ancho.
2. En un tazón pequeño, mezcle la salsa Worcestershire, la mostaza y la salsa picante para hacer una pasta y frote esta pasta en todos los lados de los filetes. Sazone con sal al gusto.
3. En un recipiente poco profundo, combine bien todos los ingredientes para el recubrimiento de migas y extiéndalos sobre una hoja de papel encerado.
4. Pase los filetes de pescado por la mezcla de migas hasta que queden bien cubiertos. Rocíe todos los lados del pescado con aceite en aerosol y luego colóquelos en la cesta de freír en una sola capa.
5. Coloque la cesta para freír en el grill de la freidora.
6. Seleccione Air Fry, fije la temperatura en 400°F (205°C) y el tiempo en 7 minutos.
7. Cuando la cocción esté completa, el pescado debe desmenuzarse con un tenedor. Retire de la parrilla de la freidora y sirva caliente.

Nutrición: Calorías 624 Grasas 48g Proteínas 99g

186. Brochetas de atún, piña y uvas

Tiempo de preparación: 15 minutos
Tiempo de cocción: 10 minutos
Raciones: 4

Ingredientes:
Kebabs:
- 453g de filetes de atún, cortados en cubos de 2.5 cm.
- 57g de uvas rojas grandes
- 106g de trozos de piña en lata, escurridos, reservando el jugo

Marinado:
- cucharada de miel
- 1 cucharadita de aceite de oliva
- cucharadita de jengibre fresco rallado
- Pizca de pimienta de cayena
- Equipo especial:
- pinchos de metal

Indicaciones
1. Prepara las brochetas: Ensartar, alternando cubos de atún, uvas rojas y trozos de piña en las brochetas metálicas.
2. Prepare el adobo: Bata la miel, el aceite de oliva, el jengibre y la pimienta de cayena en un bol pequeño. Unte generosamente la marinada sobre las brochetas y déjelas reposar durante 10 minutos.
3. Cuando estén listas, transfiera las brochetas a la cesta de freír al aire.
4. Coloque la cesta en la posición de freír al aire.
5. Seleccione Air Fry, ajuste la temperatura a 370°F (188°C), y ajuste el tiempo a 10 minutos.
6. Después de 5 minutos, retire de la parrilla de la freidora de aire, dé la vuelta a las brochetas y úntelas con el resto de la marinada. Vuelva a colocar la cesta en la parrilla de la freidora de aire y continúe la cocción durante 5 minutos más.
7. Cuando la cocción esté completa, las brochetas deben alcanzar una temperatura interna de 145°F (63°C) en un termómetro de carne. Retirar de la parrilla de la freidora y desechar los restos de la marinada. Servir calientes.

Nutrición: Calorías 691 Grasas 44g Proteínas 80,3g

187. Filetes de salmón con espárragos

Tiempo de preparación: 5 minutos
Tiempo de cocción: 12 minutos
Raciones: 2

Ingredientes:

- 2 cucharaditas de aceite de oliva, más una cantidad adicional para rociar
- 2 filetes de salmón (142g), con piel
- Sal y pimienta negra recién molida, al gusto
- manojo de espárragos, recortados
- 1 cucharadita de estragón seco
- 1 cucharadita de cebollino seco
- Gajos de limón fresco, para servir

Indicaciones

1. Frote el aceite de oliva por todos los filetes de salmón. Espolvorear con sal y pimienta al gusto.
2. Poner los espárragos en una bandeja de horno forrada con papel de aluminio y colocar los filetes de salmón encima, con la piel hacia abajo.
3. Colocar la bandeja en posición de tostado.
4. Selecciona Tostado, ajusta la temperatura a 425ºF (220ºC) y ajusta el tiempo a 12 minutos.
5. Cuando estén cocidos, los filetes deben registrar 145ºF (63ºC) en un termómetro de lectura instantánea. Retire de la parrilla de la freidora de aire y corte los filetes de salmón por la mitad en sentido transversal, luego use una espátula de metal para levantar la carne de la piel y transfiérala a un plato para servir. Deseche la piel y rocíe los filetes de salmón con más aceite de oliva. Espolvorear con las hierbas.
6. Servir los filetes de salmón con espárragos tostados y trozos de limón al lado.

Nutrición: Calorías 864 Grasas 26g Proteínas 59g

188. Envolturas de lechuga con atún dorado

Preparation Time: 10 minutes
Cooking Time: 7 minutes
Servings: 4

Ingredientes:

- 453g de filete de atún fresco, cortado en cubos de 2.5cm
- dientes de ajo picados
- 1 cucharada de jengibre fresco rallado
- ½ cucharadita de aceite de sésamo tostado
- tortillas integrales bajas en sodio
- 906g de lechuga romana rallada
- 1 pimiento rojo, cortado en rodajas finas
- 60g de mayonesa baja en grasa

Indicaciones

1. Combine los cubos de atún, el jengibre, el ajo y el aceite de sésamo en un bol mediano y mezcle hasta que estén bien cubiertos. Dejar reposar durante 10 minutos.
2. Cuando esté listo, coloque los cubos de atún en la cesta de freír al aire.
3. Coloque la cesta en la posición de freír al aire.
4. Seleccione Air Fry, ajuste la temperatura a 390ºF (199ºC), y ajuste el tiempo a 6 minutos.
5. Cuando la cocción esté completa, los cubos de atún deben estar bien cocidos y dorados. Retire los cubos de atún de la parrilla de la freidora de aire a un plato.
6. Hacer los wraps: Coloque las tortillas en una superficie de trabajo plana y cubra cada tortilla uniformemente con el atún cocido, la lechuga, el pimiento y termine con la mayonesa. Enróllalas y sírvelas inmediatamente.

Nutrición: Calorías 764 Grasa 29g Proteína 69g

189. Tacos de tilapia

Tiempo de preparación: 10 minutos
Tiempo de cocción: 12 minutos
Raciones: 6

Ingredientes:

- cucharada de aceite de aguacate
- 1 cucharada de condimento cajún
- 4 (142 a 170g) filetes de tilapia
- 1 paquete (397g) de mezcla de ensalada de col
- 12 tortillas de maíz
- limas, cortadas en gajos

Indicaciones

1. Forrar un molde para hornear con papel pergamino.
2. En un bol poco profundo, mezcle el aceite de aguacate y el condimento cajún para hacer una marinada. Coloca los filetes de tilapia en el

bol, dándoles la vuelta para cubrirlos uniformemente.

3. Poner los filetes en el molde para hornear en una sola capa.
4. Deslice la sartén en la parrilla de la freidora de aire.
5. Seleccione Air Fry, ajuste la temperatura a 375ºF (190ºC), y ajuste el tiempo a 10 minutos.
6. Cuando esté cocido, el pescado debe estar escamado. Si es necesario, continúe la cocción durante 5 minutos más. Retire el pescado de la parrilla de la freidora de aire a un plato.
7. Monta los tacos: Poner un poco de la mezcla de ensalada de col en cada tortilla y cubrir cada una con 1/3 de un filete de tilapia. Exprime un poco de jugo de limón sobre la parte superior de cada taco y sirve inmediatamente.

Nutrición: Calorías 774 Grasas 26g Proteínas 70g

190. Buñuelos de coliflor y lenguado

Tiempo de preparación: 5 minutos
Tiempo de cocción: 24 minutos
Raciones: 2
Ingredientes:

- 226g de filetes de lenguado
- 226g de puré de coliflor
- 37g de cebolla roja, picada
- pimiento morrón, finamente picado
- 1 huevo, batido
- dientes de ajo, picados
- cucharadas de perejil fresco, picado
- 1 cucharada de aceite de oliva
- 1 cucharada de aminoácidos de coco
- ½ cucharadita de pimienta scotch bonnet, picada
- ½ cucharadita de pimentón
- Sal y pimienta blanca, al gusto
- Spray para cocinar

Indicaciones
1. Rocíe la cesta de freír con spray para cocinar. Coloque los filetes de lenguado en la cesta.
2. Coloque la cesta en la posición de freír al aire.

3. Selecciona Air Fry, ajusta la temperatura a 202ºC (395ºF) y el tiempo a 10 minutos. Dale la vuelta a los filetes a mitad de tiempo.
4. Una vez terminada la cocción, transfiera los filetes de pescado a un bol grande. Triturar los filetes en forma de escamas. Añadir el resto de los ingredientes: y remover para combinar.
5. Haga los buñuelos: Saque 2 cucharadas de la mezcla de pescado y forme una hamburguesa de aproximadamente 1.2cm de grosor con las manos. Repita la operación con el resto de la mezcla de pescado. Coloque las hamburguesas en la cesta de freír al aire.
6. Coloque la cesta en la posición de horneado.
7. Seleccione Hornear, ajuste la temperatura a 380ºF (193ºC) y el tiempo a 14 minutos. Dé la vuelta a las hamburguesas a mitad de camino.
8. Cuando termine la cocción, deben estar doradas y bien cocidas. Retire la cesta de la parrilla de la freidora de aire y enfríe durante 5 minutos antes de servir.

Nutrición: Calorías 874 Grasas 37g Proteínas 63g

191. Rollos de primavera de salmón crujiente

Tiempo de preparación: 20 minutos
Tiempo de cocción: 19 minutos
Raciones: 4
Ingredientes:

- 226g de filete de salmón
- cucharadita de aceite de sésamo tostado
- 1 cebolla, cortada en rodajas
- 1 zanahoria, rallada
- 1 pimiento amarillo, cortado en rodajas finas
- 20g de perejil fresco de hoja plana picado
- 15g de albahaca fresca picada
- 8 envoltorios de papel de arroz

Indicaciones
1. Coloque el salmón en la cesta de freír. Rocía el aceite de sésamo por todo el salmón y esparce la cebolla por encima.
2. Coloque la cesta en la posición de freír al aire.
3. Selecciona Air Fry, ajusta la temperatura a 370ºF (188ºC), y ajusta el tiempo a 10 minutos.
4. Mientras tanto, llene un bol pequeño y poco profundo con agua tibia. Sumerja uno a uno los envoltorios de papel de arroz en el agua

durante unos segundos o sólo hasta que se humedezcan, y luego póngalos en una superficie de trabajo.

5. Cuando termine la cocción, el pescado debe desmenuzarse con un tenedor. Retirar de la parrilla de la freidora de aire a un plato.

6. Haga los rollitos de primavera: Poner 1/8 de la mezcla de salmón y cebolla, pimiento, zanahoria, albahaca y perejil en el centro del envoltorio de arroz y doblar los lados sobre el relleno. Enrolla el envoltorio con cuidado y apretado como si fuera un burrito. Repite la operación con el resto de los envoltorios y el relleno.

7. Transfiera los rollos a la cesta de freír al aire.

8. Coloque la cesta en la posición de horneado.

9. Seleccione Horneado, ajuste la temperatura a 380ºF (193ºC) y ajuste el tiempo a 8 minutos.

10. Cuando termine la cocción, los panecillos deben estar crujientes y ligeramente dorados. Retire de la parrilla de la freidora de aire y corte cada panecillo por la mitad y sírvalo caliente.

Nutrición: Calorías 756 Grasas 49g Proteínas 82g

192. Filete de pargo con especias

Tiempo de preparación: 13 minutos
Tiempo de cocción: 9 minutos
Raciones: 4
Ingredientes:
- cucharadita de aceite de oliva
- 1 ½ cucharaditas de pimienta negra
- ¼ de cucharadita de ajo en polvo
- ¼ cucharadita de tomillo
- 1/8 de cucharadita de pimienta de cayena
- 4 (4 onzas / 113 g) filetes de pargo rojo, con piel
- 4 rodajas finas de limón
- Spray antiadherente para cocinar

Indicaciones
1. Rocíe la cesta de freír al aire con spray antiadherente para cocinar.
2. En un bol pequeño, mezcle el aceite de oliva, la pimienta negra, el tomillo, el ajo en polvo y la pimienta de cayena. Frote la mezcla por todos los filetes hasta que estén completamente cubiertos.

3. Coloque los filetes, con la piel hacia abajo, en la cesta de freír al aire y cubra cada filete con una rodaja de limón.

4. Coloque la cesta en la posición de horneado.

5. Seleccione "Bake" (hornear), fije la temperatura en 390ºF (199ºC) y el tiempo en 10 minutos. Dale la vuelta a los filetes a mitad de tiempo.

6. Cuando termine la cocción, el pescado debe estar bien cocido. Deje que el pescado se enfríe durante 5 minutos y sírvalo.

Nutrición: Calorías 704 Grasas 30g Proteínas 59g

193. Filete de pargo agridulce afrutado

Tiempo de preparación: 15 minutos
Tiempo de cocción: 12 minutos
Raciones: 4
Ingredientes:
- 4 (113g) filetes de pargo rojo
- 2 cucharaditas de aceite de oliva
- 3 ciruelas, cortadas por la mitad y deshuesadas
- 3 nectarinas, cortadas por la mitad y sin hueso
- 120g de uvas rojas
- 1 cucharada de zumo de limón recién exprimido
- 1 cucharada de miel
- ½ cucharadita de tomillo seco

Indicaciones
1. Disponga los filetes de pargo rojo en la cesta de freír al aire y rocíe el aceite de oliva por encima.
2. Coloque la cesta en la posición de freír al aire.
3. Selecciona Air Fry, ajusta la temperatura a 390ºF (199ºC), y ajusta el tiempo a 12 minutos.
4. Después de 4 minutos, retire la cesta de la parrilla de la freidora de aire. Cubra los filetes con las ciruelas y las nectarinas. Esparcir las uvas rojas por encima de los filetes. Rocíe con la miel y el zumo de limón y espolvoree el tomillo por encima. Vuelva a colocar la cesta en la parrilla de la freidora y continúe la cocción durante 8 minutos o hasta que el pescado esté escamado.
5. Una vez terminada la cocción, retirar de la parrilla de la freidora y servir caliente.

Nutrición: Calorías 694 Grasas 23g Proteínas 62g

194. Patatas de salmón doradas

Tiempo de preparación: 5 minutos
Tiempo de cocción: 11 minutos
Raciones: 3

Ingredientes:

- (418g) de lata de salmón rosado de Alaska, escurrido y sin espinas
- 62g de pan rallado
- 1 huevo batido
- cebolletas, cortadas en dados
- 1 cucharadita de ajo en polvo
- Sal y pimienta, al gusto
- Spray para cocinar

Indicaciones

1. Mezclar el salmón, el pan rallado, el huevo batido, el ajo en polvo, la cebolleta, la sal y la pimienta en un bol grande hasta que estén bien incorporados.
2. Dividir la mezcla de salmón en seis porciones iguales y formar cada una de ellas en una hamburguesa con las manos.
3. Disponga las hamburguesas de salmón en la cesta de freír al aire y rocíelas con spray de cocina.
4. Coloque la cesta en la posición de freír al aire.
5. Fría al aire, ajuste la temperatura a 205ºC (400ºF) y programe el tiempo a 10 minutos. Dale la vuelta a las hamburguesas una vez a la mitad.
6. Cuando la cocción esté completa, las hamburguesas deben estar doradas y bien cocidas. Retire las hamburguesas de la parrilla de la freidora y sírvalas en un plato.

Nutrición: Calorías 624 Grasas 39g Proteínas 76g

195. Salmón tostado con espárragos

Tiempo de preparación: 10 minutos
Tiempo de cocción: 15 minutos
Raciones: 4

Ingredientes:

- 4 (170g) filetes de salmón, secados con palmaditas
- cucharadita de sal kosher, dividida
- 1 cucharada de miel
- cucharadas de mantequilla sin sal, derretida
- cucharaditas de mostaza de Dijon
- 906g de espárragos, recortados
- Gajos de limón, para servir

Indicaciones

1. Sazona ambos lados de los filetes de salmón con ½ cucharadita de sal kosher.
2. Bata la miel, 1 cucharada de mantequilla y la mostaza en un bol pequeño. Dejar a un lado.
3. Colocar los espárragos en una bandeja. Rociar con la cucharada de mantequilla restante y sazonar con la ½ cucharadita de sal restante, removiendo para cubrirlos. Mueve los espárragos hacia el exterior de la sartén.
4. Poner los filetes de salmón en la sartén, con la piel hacia abajo. Untar los filetes en abundancia con la mezcla de miel.
5. Coloca la sartén en posición de tostado.
6. Selecciona Tostado, pon la temperatura a 375ºF (190ºC), y pon el tiempo a 15 minutos. Remover los espárragos una vez a mitad del tiempo de cocción.
7. Cuando esté hecho, transfiera los filetes de salmón y los espárragos a un plato. Servir caliente con un chorrito de zumo de limón.

Nutrición: Calorías 864 Grasas 36g Proteínas 62g

196. Fajitas de camarones en sartén

Tiempo de preparación: 10 minutos
Tiempo de cocción: 9 minutos
Raciones: 2

Ingredientes:

- 227g de camarones, desvenados y pelados diente de ajo picado
- cucharada de zumo de lima
- 1 cucharada de aceite de oliva
- Pimiento picante y pimienta de cayena
- Crema agria
- Aguacates, en rodajas
- Cilantro, picado
- tortillas
- Sal y pimienta

Indicaciones

1. Mezclar todas las especias y condimentos y añadirlo a las gambas.
2. Precaliente la PowerXL Air Fryer Grill a 177C o 350F.

3. Hornee las gambas en la sartén con los pimientos picantes
4. Servir en tortillas

Nutrición: Calorías 864 Grasas 31g Proteínas 71g

197. Filetes de bacalao

Tiempo de preparación: 15 minutos
Tiempo de cocción: 12 minutos
Raciones: 4

Ingredientes:

- 4 filetes de bacalao
- cucharadita de pimienta de cayena
- ¼ de cucharadita de sal marina fina
- ¼ de cucharadita de pimienta negra molida, o más al gusto
- 30g de perejil italiano fresco, picado grueso
- 125ml de leche no láctea
- 4 dientes de ajo, picados
- 1 pimiento italiano picado
- 1 cucharadita de albahaca seca
- ½ cucharadita de orégano seco
- Spray para cocinar

Indicaciones

1. Rocía ligeramente una fuente de horno con spray de cocina.
2. Sazona los filetes con pimienta de cayena, sal y pimienta negra.
3. Triturar el resto de los ingredientes en un procesador de alimentos y transferir la mezcla a un recipiente poco profundo. Cubra los filetes con la mezcla.
4. Coloque la fuente de horno en la parrilla de la freidora de aire.
5. Selecciona Air Fry, ajusta la temperatura a 375°F (190°C) y ajusta el tiempo a 12 minutos.
6. Cuando la cocción esté completa, el pescado estará escamado. Retire de la parrilla de la freidora de aire y sirva en un plato.

Nutrición: Calorías 814 Grasas 21g Proteínas 69g

198. Bacalao cajún al horno

Tiempo de preparación: 5 minutos
Tiempo de cocción: 12 minutos
Raciones: 2

Ingredientes:

- cucharada de condimento cajún

- 1 cucharadita de sal
- ½ cucharadita de pimienta de limón
- ½ cucharadita de pimienta negra recién molida
- (227g) filetes de bacalao, cortados para que quepan en la cesta de freír al aire
- Spray de cocina
- cucharadas de mantequilla sin sal, derretida
- 1 limón, cortado en 4 gajos

Indicaciones

1. Rocíe la cesta de freír con aire con spray de cocina.
2. Combine bien el condimento cajún, la pimienta de limón, la sal y la pimienta negra en un bol pequeño. Frote esta mezcla por todos los filetes de bacalao hasta que estén completamente cubiertos.
3. Ponga los filetes en la cesta de freír y unte la mantequilla derretida por ambos lados de cada filete.
4. Coloque la cesta en la posición de horneado.
5. Seleccione Bake, ajuste la temperatura a 360°F (182°C) y el tiempo a 12 minutos. Dale la vuelta a los filetes a mitad del tiempo de cocción.
6. Cuando la cocción haya terminado, el pescado debe desmenuzarse con un tenedor. Retire los filetes de la parrilla de la freidora de aire y sírvalos con trozos de limón fresco.

Nutrición: Calorías 624 Grasas 33g Proteínas 62g

199. Patatas de salmón crujientes

Tiempo de preparación: 10 minutos
Tiempo de cocción: 13 minutos
Raciones: 4

Ingredientes:

- 453g de salmón, cortado en trozos de 1.2cm
- cucharadas de harina de coco
- cucharadas de queso parmesano rallado
- 1½ cucharadas de leche
- ½ cebolla blanca, pelada y finamente picada
- ½ cucharadita de mantequilla, a temperatura ambiente
- ½ cucharadita de polvo de chipotle
- ½ cucharadita de copos de perejil seco

- 1/3 de cucharadita de pimienta negra molida
- 1/3 de cucharadita de pimienta de cayena ahumada
- 1 cucharadita de sal marina fina

Indicaciones

1. Poner todos los ingredientes de las hamburguesas de salmón en un bol y remover para combinarlos bien.
2. Sacar 2 cucharadas de la mezcla de salmón y darle forma de hamburguesa con la palma de la mano, de unos ½ centímetros de grosor. Repita la operación hasta utilizar toda la mezcla. Llevar al refrigerador por unas 2 horas hasta que esté firme.
3. Cuando esté listo, coloque las hamburguesas de salmón en la cesta de freír.
4. Coloque la cesta en la posición de horneado.
5. Seleccione Hornear, ajuste la temperatura a 202ºC (395ºF), y ajuste el tiempo a 13 minutos. Da la vuelta a las hamburguesas a mitad del tiempo de cocción.
6. Cuando la cocción esté completa, las hamburguesas deben estar doradas. Retirar de la parrilla de la freidora y enfriar durante 5 minutos antes de servir.

Nutrición: Calorías 834 Grasas 31g Proteínas 62g

200. Cazuela de atún

Tiempo de preparación: 10 minutos
Tiempo de cocción: 16 minutos
Raciones: 4

Ingredientes:

- ½ cucharada de aceite de sésamo
- 25g de cebollas amarillas picadas
- ½ pimiento, desvenado y picado
- 200g de atún enlatado, picado
- Spray para cocinar
- 5 huevos batidos
- ½ chile, desvenado y picado finamente
- 1 ½ cucharadas de crema agria
- 1/3 de cucharadita de albahaca seca
- 1/3 de cucharadita de orégano seco
- Sal marina fina y pimienta negra molida, al gusto

Indicaciones

1. Calentar el aceite de sésamo en una sartén antiadherente a fuego medio hasta que brille.
2. Añadir el pimiento y la cebolla y saltear durante 4 minutos, removiendo de vez en cuando, o hasta que estén tiernos.
3. Añadir el atún en lata y seguir removiendo hasta que el atún se caliente.
4. Mientras tanto, cubrir una fuente de horno ligeramente con spray de cocina.
5. Transfiera la mezcla de atún a la fuente de horno, junto con los huevos batidos, la crema agria, el chile, la albahaca y el orégano. Remover para combinar bien. Sazonar con sal marina y pimienta negra.
6. Colocar la fuente de horno en la posición de horneado.
7. Selecciona Hornear, ajusta la temperatura a 325ºF (160ºC) y ajusta el tiempo a 12 minutos.
8. Cuando termine la cocción, los huevos deben estar completamente cuajados y la parte superior ligeramente dorada. Retire de la parrilla de la freidora y sirva en un plato.

Nutrición: Calorías 624 Grasas 36g Proteínas 76g

RECETAS DE VERDURAS Y GUARNICIONES

201. Sopa de tomate y judías verdes

Tiempo de preparación: 10 minutos
Tiempo de cocción: 6 horas
Porción: 8
Ingredientes:
- 453g de judías verdes frescas cortadas en trozos de 2.5cm
- 95g de zanahorias picadas
- 634g de tomates frescos, cortados en dados
- 1 diente de ajo picado
- 1.5 Litros de caldo de verduras
- 1/4 cucharadita de pimienta negra
- 75g de cebollas picadas
- 1 cucharadita de albahaca seca
- 1/2 cucharadita de sal

Indicaciones:
1. Coloque la olla interior en la base del combo PowerXL Air Fryer Grill.
2. Añade todos los ingredientes en la olla interior y remueve bien.
3. Cubra la olla interior con una tapa de cristal.
4. Seleccione el modo de cocción lenta, pulse el botón de temperatura y ajuste el tiempo a 6 horas. Pulse el botón de inicio.
5. Cuando el temporizador llegue a 0, entonces pulse el botón de cancelar.
6. Sirve y disfruta.

Nutrición: Calorías 71 Grasas 1,3g Proteínas 5,6g

202. Sopa de tomate al curry

Tiempo de preparación: 10 minutos
Tiempo de cocción: 6 horas
Porción: 8
Ingredientes:
- 1.8Kg de tomates, descorazonados y cortados en dados
- 2 cucharadas de cebolla picada
- 1 cucharadita de ajo picado
- 2 cucharaditas de curry en polvo
- 500ml de leche de coco
- 250ml de agua

- 1 cucharadita de sal

Indicaciones:
1. Coloque la olla interior en la base del combo PowerXL Air Fryer Grill.
2. Añade todos los ingredientes en la olla interior y remueve bien.
3. Cubra la olla interior con una tapa de cristal.
4. Seleccione el modo de cocción lenta, pulse el botón de temperatura y ajuste el tiempo a 6 horas. Pulse el botón de inicio.
5. Cuando el temporizador llegue a 0, entonces pulse el botón de cancelar.
6. Haga un puré de la sopa con una batidora hasta que esté suave.
7. Remueva bien y sirva.

Nutrición: Calorías 182 Grasas 14,8g Proteínas 3,5g

203. Pimiento relleno

Tiempo de preparación: 10 minutos
Tiempo de cocción: 25 minutos
Porción: 4
Ingredientes:
- 4 huevos
- 19g de ramilletes de brócoli
- 53g de tomates cherry
- 1 cucharadita de salvia seca
- 71g de queso cheddar rallado
- 207ml de leche de almendras
- 2 pimientos, cortados por la mitad y sin semillas
- Pimienta
- Sal

Indicaciones:
1. En un bol, bate los huevos, la leche, el brócoli, los tomates cherry, la salvia, la pimienta y la sal.
2. Vierte la mezcla de huevos en las mitades de los pimientos.
3. Espolvorear el queso sobre el pimiento.
4. Coloque la olla interior en la base combo de la PowerXL Air Fryer Grill.
5. Coloque los pimientos rellenos en la olla interior.
6. Cubra la olla interior con una tapa para freír al aire.

7. Seleccione el modo de horneado y ajuste la temperatura a 198 C y el tiempo durante 25 minutos. Pulse el botón de inicio.
8. Cuando el temporizador llegue a 0, entonces pulse el botón de cancelar.
9. Sirva y disfrute.

Nutrición: Calorías 285 Grasas 25,2g Proteínas 11,5g

204. Cazuela de alcachofas saludable

Tiempo de preparación: 10 minutos
Tiempo de cocción: 30 minutos
Porción: 12

Ingredientes:

- 16 huevos
- Lata de 397g de corazones de alcachofa, escurridos y cortados en trozos
- 60ml de leche de coco
- 1/2 cucharadita de pimienta roja triturada
- 1/2 cucharadita de tomillo picado
- 119g de queso ricotta
- 124g de queso parmesano
- 248g de queso cheddar, rallado
- 283g de espinacas congeladas, descongeladas y bien escurridas
- 1 diente de ajo, picado
- 19g de cebolla picada
- 1 cucharadita de sal

Indicaciones:

1. En un bol grande, bate los huevos y la leche de coco.
2. Añadir las espinacas y la alcachofa a la mezcla de huevos.
3. Añadir todos los ingredientes restantes, excepto el queso ricotta, y remover bien para combinarlos.
4. Coloque la olla interior en la base combo de la PowerXL Air Fryer Grill.
5. Vierta la mezcla de huevos en la olla interior.
6. Extienda el queso ricotta sobre la mezcla de huevos.
7. Cubrir la olla interior con una tapa para freír al aire.
8. Seleccione el modo de horneado y luego ajuste la temperatura a 176 C y el tiempo durante 30 minutos. Pulse el botón de inicio.

9. Cuando el temporizador llegue a 0, pulse el botón de cancelación.
10. Sirva y disfrute.

Nutrición: Calorías 205 Grasas 13,7g Proteínas 15,9g

205. Tomate al horno

Tiempo de preparación: 10 minutos
Tiempo de cocción: 30 minutos
Porción: 2

Ingredientes:

- 2 huevos
- 2 tomates frescos grandes
- 1 cucharadita de perejil fresco
- Pimienta
- Sal

Indicaciones:

1. Cortar la parte superior de un tomate y sacar con una cuchara las tripas del mismo.
2. Romper el huevo en cada tomate.
3. Coloca el bote interior en la base combo de la PowerXL Air Fryer Grill.
4. Coloque el tomate en la olla interior.
5. Cubra la olla interior con una tapa para freír con aire.
6. Seleccione el modo de horneado y ajuste la temperatura a 176 C y el tiempo durante 15 minutos. Pulse el botón de inicio.
7. Cuando el temporizador llegue a 0, pulse el botón de cancelación.
8. Sazone el tomate con perejil, pimienta y sal.
9. Servir y disfrutar.

Nutrición: Calorías 96 Grasas 4,7g Proteínas 7,2g

206. Coliflor al horno

Tiempo de preparación: 10 minutos
Tiempo de cocción: 45 minutos
Porción: 2

Ingredientes:

- 1/2 cabeza de coliflor, cortada en ramilletes
- 2 cucharadas de aceite de oliva

Para sazonar:

- 1/2 cucharadita de pimienta blanca
- 1/2 cucharadita de ajo en polvo
- 1/2 cucharadita de comino molido
- 1/2 cucharadita de pimienta negra
- cucharada de cayena molida

- 1 cucharadita de cebolla en polvo
- 1/4 cucharadita de orégano seco
- 1/4 cucharadita de albahaca seca
- 1/4 cucharadita de tomillo seco
- cucharada de pimentón molido
- cucharadita de sal

Indicaciones:

1. En un bol grande, mezclar todos los ingredientes del condimento.
2. Añadir el aceite y remover bien. Añadir la coliflor a la mezcla de condimentos del bol y remover bien para cubrirla.
3. Coloque el recipiente interior en la base combo de la PowerXL Air Fryer Grill.
4. Distribuya los ramilletes de coliflor en la olla interior.
5. Cubra la olla interior con una tapa para freír con aire.
6. Selecciona el modo de horneado y luego ajusta la temperatura a 200ºC y el tiempo para 45 minutos. Pulse el botón de inicio.
7. Cuando el temporizador llegue a 0, pulse el botón de cancelación.
8. Sirva y disfrute.

Nutrición: Calorías 177 Grasas 15,6g Proteínas 3,1g

207. Alubias al horno fáciles

Tiempo de preparación: 10 minutos
Tiempo de cocción: 10 minutos
Porción: 2

Ingredientes:

- Lata de 453g de alubias blancas, escurridas y enjuagadas
- 2 cucharadas de salsa BBQ
- 1 1/2 cucharadas de jarabe de arce
- 1 1/2 cucharadita de zumo de limón
- 1 cucharada de mostaza amarilla preparada

Indicaciones:

1. Coloque la olla interior en la base combo de la PowerXL Air Fryer Grill.
2. Añade todos los ingredientes en la olla interior y remueve bien.
3. Cubra la olla interior con una tapa de cristal.
4. Selecciona el modo de cocción a fuego lento y pulsa el botón de temperatura y ajusta el tiempo a 10 minutos. Pulsa el botón de inicio.

5. Cuando el temporizador llegue a 0, pulsa el botón de cancelar.
6. Remueve bien y sirve.

Nutrición: Calorías 278 Grasas 0,4g Proteínas 14g

208. Cazuela cremosa de coliflor

Tiempo de preparación: 10 minutos
Tiempo de cocción: 15 minutos
Porción: 6

Ingredientes:

- 1 cabeza de coliflor, cortada en ramilletes y hervida
- 497g de queso cheddar rallado
- 2 cucharaditas de mostaza de Dijon
- 57g de queso crema
- 254g de crema de leche
- 1 cucharadita de ajo en polvo
- 1/2 cucharadita de pimienta
- 1/2 cucharadita de sal

Indicaciones:

1. Coloque la olla interior en la base combo de la PowerXL Air Fryer Grill.
2. Añada todos los ingredientes en la olla interior y mézclelos bien.
3. Cubra la olla interior con una tapa para freír al aire.
4. Seleccione el modo de horneado y ajuste la temperatura a 190C y el tiempo a 15 minutos. Pulse el botón de inicio.
5. Cuando el temporizador llegue a 0, pulse el botón de cancelación.
6. Sirva y disfrute.

Nutrición: Calorías 268 Grasas 23,3g Proteínas 11,5g

209. Berenjena y calabacín al horno

Tiempo de preparación: 10 minutos
Tiempo de cocción: 35 minutos
Porción: 6

Ingredientes:

- 1 berenjena mediana, en rodajas
- 3 calabacines medianos, en rodajas
- 85G de queso parmesano rallado
- 4 cucharadas de perejil picado
- 4 cucharadas de albahaca picada
- 1 cucharada de aceite de oliva

- 4 dientes de ajo, picados
- 211g de tomates cherry, cortados por la mitad
- 1/4 de cucharadita de pimienta
- 1/4 de cucharadita de sal

Indicaciones:
1. En un tazón para mezclar, agregue los tomates cherry, la berenjena, el calabacín, el aceite de oliva, el ajo, el queso, la albahaca, la pimienta y la sal, mezcle bien hasta que se combinen.
2. Transfiera la mezcla de berenjenas a la fuente de horno engrasada.
3. Coloque el recipiente interior en la base combo de la PowerXL Air Fryer Grill.
4. Coloque la fuente de horno en la olla interior.
5. Cubra la olla interior con una tapa para freír con aire.
6. Seleccione el modo de horneado y luego ajuste la temperatura a 176 C y el tiempo para 35 minutos. Pulse el botón de inicio.
7. Cuando el temporizador llegue a 0, pulse el botón de cancelación.
8. Adorne con perejil picado y sirva.

Nutrición: Calorías 110 Grasas 5,8g Proteínas 7,0g

210. Patatas fritas

Tiempo de preparación: 10 minutos
Tiempo de cocción: 45 minutos
Porción: 6
Ingredientes:
- 4 batatas peladas
- 60ml de aceite de oliva
- 1/2 cucharadita de pimentón
- 1 cucharada de sirope de arce
- 125ml de zumo de naranja fresco
- 1/2 cucharadita de ralladura de naranja
- 1 cucharadita de sal

Indicaciones:
1. Cortar los boniatos en rodajas de 15mm de grosor con una rebanadora.
2. Colocar las rodajas de boniato en la fuente de horno engrasada.
3. En un bol, bata los ingredientes restantes y viértalos sobre los boniatos.
4. Coloque la olla interior en la base combo de la PowerXL Air Fryer Grill.

5. Coloque la bandeja para hornear en la olla interior.
6. Cubra la olla interior con una tapa para freír con aire.
7. Seleccione el modo de horneado y luego ajuste la temperatura a 176 C y el tiempo durante 45 minutos. Pulse el botón de inicio.
8. Cuando el temporizador llegue a 0, entonces pulse el botón de cancelar.
9. Sirva y disfrute.

Nutrición: Calorías 91 Grasas 8,6g Proteínas 1,7g

211. Cazuela de brócoli saludable

Tiempo de preparación: 10 minutos
Tiempo de cocción: 30 minutos
Porción: 6
Ingredientes:
- 425g de flores de brócoli
- Lata de 283g de crema de champiñones
- 238g de queso mozzarella rallado
- 80ml de leche
- 1/2 cucharadita de cebolla en polvo

Para la cubierta:
- 1 cucharada de mantequilla derretida
- 165g de galletas trituradas

Indicaciones:
1. Coloque la olla interior en la base combo de la PowerXL Air Fryer Grill.
2. Añada todos los ingredientes, excepto los de la cobertura, en la olla interior.
3. En un bol pequeño, mezcle las migas de galleta y la mantequilla derretida y espolvoree sobre la mezcla de la olla interior.
4. Cubrir la olla interior con una tapa para freír al aire.
5. Seleccione el modo de horneado y ajuste la temperatura a 176 C y el tiempo durante 30 minutos. Pulse el botón de inicio.
6. Cuando el temporizador llegue a 0, pulse el botón de cancelación.
7. Sirva y disfrute.

Nutrición: Calorías 179 Grasas 10,6g Proteínas 7g

212. Deliciosa sopa de tomate y zanahoria

Tiempo de preparación: 10 minutos
Tiempo de cocción: 6 horas
Porción: 4
Ingredientes:

- Lata de 411g de tomate, cortado en dados
- 4 zanahorias medianas, peladas y picadas
- 1 cucharada de cúrcuma
- 250ml de leche de coco
- 1 cucharadita de comino molido
- 1 cucharadita de cilantro molido
- Pimienta
- Sal

Indicaciones:

1. Coloque la olla interior en la base combo de la PowerXL Air Fryer Grill.
2. Añada todos los ingredientes en la olla interior y mézclelos bien.
3. Cubra la olla interior con una tapa de cristal.
4. Seleccione el modo de cocción lenta, pulse el botón de temperatura y ajuste el tiempo a 6 horas. Pulsa el botón de inicio.
5. Cuando el temporizador llegue a 0, entonces pulse el botón de cancelar.
6. Haga un puré de la sopa con una batidora de inmersión hasta que esté suave.
7. Sazone con pimienta y sal.
8. Servir y disfrutar.

Nutrición: Calorías 193 Grasas 14,6g Proteínas 3g

213. Verduras cocidas a fuego lento

Tiempo de preparación: 10 minutos
Tiempo de cocción: 5 horas
Porción: 6
Ingredientes:

- 453g de berenjena, pelada y cortada en cubos de 2.5cm
- 1 calabacín picado
- 3 tomates frescos, cortados en dados
- 1/2 cebolla picada
- 1 pimiento rojo picado
- 1 cucharada de aceite de oliva
- 85g. de queso feta, desmenuzado
- 2 cucharaditas de albahaca seca
- 1 cucharada de ajo picado
- Pimienta

- Sal

Indicaciones:

1. Coloque la olla interior en la base combo de la PowerXL Air Fryer Grill.
2. Añade todos los ingredientes excepto el queso feta en la olla interior y remueve bien.
3. Cubra la olla interior con una tapa de cristal.
4. Seleccione el modo de cocción lenta, pulse el botón de temperatura y ajuste el tiempo a 5 horas. Pulse el botón de inicio.
5. Cuando el temporizador llegue a 0, entonces pulse el botón de cancelar.
6. Cubra con queso desmenuzado y sirva.

Nutrición: Calorías 105 Grasas 5,7g Proteínas 4,1g

214. Pisto de sabores

Tiempo de preparación: 10 minutos
Tiempo de cocción: 4 horas
Porción: 8
Ingredientes:

- 2 calabazas de verano, cortadas en rodajas
- 1 pimiento picado
- 1 berenjena picada
- 1 cucharada de ajo picado
- 1/4 cucharadita de copos de pimienta roja
- 1 cucharadita de orégano seco
- 2 cucharadas de pasta de tomate
- 211g de tomates cherry picados
- 1 cebolla picada
- 60g de albahaca fresca picada
- 2 cucharadas de aceite de oliva
- 1/4 cucharadita de pimienta
- 1/2 cucharadita de sal marina

Indicaciones:

1. Coloque la olla interior en la base combo de la PowerXL Air Fryer Grill.
2. Añada todos los ingredientes en la olla interior y mézclelos bien.
3. Cubra la olla interior con una tapa de cristal.
4. Seleccione el modo de cocción lenta, pulse el botón de temperatura y ajuste el tiempo a 4 horas. Pulsa el botón de inicio.
5. Cuando el temporizador llegue a 0, entonces pulse el botón de cancelar.
6. Sirve y disfruta.

Nutrición: Calorías 71 Grasas 3,9g Proteínas 1,8g

215.Sopa de cebada con setas

Tiempo de preparación: 10 minutos
Tiempo de cocción: 8 horas
Porción: 8
Ingredientes:
- 117g de cebada perlada
- 453g de champiñones, cortados en rodajas
- 1 cebolla grande, cortada en dados
- 1.5 Litros de caldo de verduras
- 1 diente de ajo, picado
- 1/4 cucharadita de pimienta
- 1/2 cucharadita de sal

Indicaciones:
1. Coloque la olla interior en la base combo de la PowerXL Air Fryer Grill.
2. Añada todos los ingredientes en la olla interior y mézclelos bien.
3. Cubra la olla interior con una tapa de cristal.
4. Seleccione el modo de cocción lenta, pulse el botón de temperatura y ajuste el tiempo a 8 horas. Pulsa el botón de inicio.
5. Cuando el temporizador llegue a 0, entonces pulse el botón de cancelar.
6. Sirve y disfruta.

Nutrición: Calorías 108 Grasas 1,4 g Proteínas 7,3 g

216.Risotto de cebada

Tiempo de preparación: 10 minutos
Tiempo de cocción: 6 horas
Porción: 4
Ingredientes:
- 176g de cebada perlada
- 78g de espinacas frescas picadas
- 1 cebolla picada
- 625ml de caldo de verduras
- 2 dientes de ajo picados
- Pimienta
- Sal

Indicaciones:
1. Coloque la olla interior en la base combo de la PowerXL Air Fryer Grill.
2. Añada la cebada, el caldo, el ajo y la cebolla en la olla interior y mezcle bien.
3. Cubra la olla interior con una tapa de cristal.

4. Seleccione el modo de cocción lenta, pulse el botón de temperatura y ajuste el tiempo a 6 horas. Pulse el botón de inicio.
5. Cuando el temporizador llegue a 0, entonces pulse el botón de cancelar.
6. Incorpora las espinacas. Sazone con pimienta y sal.
7. Servir y disfrutar.

Nutrición: Calorías 197 Grasas 0,8g Proteínas 6,2g

217.Salsa de espinacas picante

Tiempo de preparación: 10 minutos
Tiempo de cocción: 30 minutos
Porción: 6
Ingredientes:
- 283g de espinacas congeladas, descongeladas y escurridas
- 37g de cebolla picada
- 2 cucharaditas de ajo picado
- 119g de queso mozzarella rallado
- 119g de queso Monterey jack, rallado
- 2 cucharaditas de chile jalapeño picado
- 124g de queso cheddar rallado
- 226g de queso crema
- 1/2 cucharadita de sal

Indicaciones:
1. Añadir todos los ingredientes en el bol de la batidora y mezclar hasta que estén bien combinados.
2. Vierta la mezcla en el molde para hornear engrasado.
3. Coloque el recipiente interior en la base combo de la PowerXL Air Fryer Grill.
4. Coloque la fuente de horno en la olla interior.
5. Cubra la olla interior con una tapa para freír con aire.
6. Seleccione el modo de horneado y luego ajuste la temperatura a 176 C y el tiempo durante 30 minutos. Pulse el botón de inicio.
7. Cuando el temporizador llegue a 0, pulse el botón de cancelación.
8. Sirva y disfrute.

Nutrición: Calorías 228 Grasas 19,8g Proteínas 9,7g

218.Guiso de judías

Tiempo de preparación: 10 minutos
Tiempo de cocción: 10 minutos

Porción: 6

Ingredientes:

- 680g de judías rojas cocidas
- 25g de pimientos picados
- 25g de cebolla picada
- 125ml de caldo de verduras
- 1 cucharada de aceite de oliva
- 1/4 cucharadita de sal kosher

Indicaciones:

1. Coloque la olla interior en la base combo de la PowerXL Air Fryer Grill.
2. Seleccione el modo de salteado y pulse el botón de inicio.
3. Añada aceite de oliva en la olla interior y caliente el aceite.
4. Añade el pimiento y la cebolla y saltea hasta que la cebolla se ablande.
5. Pulse el botón de cancelación.
6. Añade el caldo, las alubias y la sal y remueve bien.
7. Cubra la olla interior con una tapa de cristal.
8. Selecciona el modo de cocción a fuego lento, luego pulsa el botón de temperatura y ajusta el tiempo a 10 minutos. Pulsa el botón de inicio.
9. Cuando el temporizador llegue a 0, entonces pulsa el botón de cancelar.
10. Sirve y disfruta.

Nutrición: Calorías 338 Grasas 3,5g Proteínas 21,3g

219. Arroz con alubias rojas

Tiempo de preparación: 10 minutos
Tiempo de cocción: 8 horas
Porción: 8

Ingredientes:

- 227g de alubias rojas secas, puestas en remojo la noche anterior
- 316g de arroz, enjuagado
- 1/2 cucharadita de tomillo
- 1 zumo de lima
- 500ml de leche de coco
- 750g de caldo de verduras
- 2 dientes de ajo picados
- 1/4 cucharadita de pimienta de Jamaica
- 1 cucharadita de copos de pimienta roja
- 1/2 cucharadita de jengibre molido
- 1/2 cucharadita de sal

Indicaciones:

1. Escurrir las judías y colocarlas en la olla grande. Añade agua fresca y ponla a hervir durante 10-15 minutos.
2. Coloque la olla interior en la base combo de la PowerXL Air Fryer Grill.
3. Escurra las alubias y añádalas a la olla interior.
4. Añade el resto de ingredientes y remueve bien.
5. Cubrir la olla interior con una tapa de cristal.
6. Seleccione el modo de cocción lenta y luego pulse el botón de temperatura y programe el tiempo para 8 horas. Pulse el botón de inicio.
7. Cuando el temporizador llegue a 0, pulse el botón de cancelación.
8. Sirve y disfruta.

Nutrición: Calorías 348 Grasas 14,9 g Proteínas 9,3 g

220. Chili de tres judías

Tiempo de preparación: 10 minutos
Tiempo de cocción: 4 horas
Porción: 6

Ingredientes:

- Lata de 794g de frijoles rojos, escurridos
- Lata de 397g de frijoles negros, escurridos
- 1 cucharadita de comino
- 238g de salsa
- 625ml de caldo de verduras
- 2 dientes de ajo, picados
- 1 cebolla pequeña, picada
- 1 cucharadita de cayena
- Lata de 397g de tomate, cortado en dados
- Lata de 397g de frijoles pintos, escurridos
- 337g de maíz congelado, descongelado
- 2 pimientos morrones, cortados en cubos
- Pimienta
- Sal

Indicaciones:

1. Coloque la olla interior en la base combo de la PowerXL Air Fryer Grill.
2. Añade todos los ingredientes en la olla interior y remueve bien.
3. Cubra la olla interior con una tapa de cristal.
4. Seleccione el modo de cocción lenta, pulse el botón de temperatura y ajuste el tiempo a 4 horas. Pulse el botón de inicio.

5. Cuando el temporizador llegue a 0, entonces pulse el botón de cancelar.

6. Sirve y disfruta.

Nutrición: Calorías 352 Grasas 1,7g Proteínas 19,4g

221. Floretes de coliflor con pimentón ahumado

Tiempo de preparación: 9 minutos
Tiempo de cocción: 19 minutos
Raciones: 4
Ingredientes:
- cabeza grande de coliflor, partida en ramilletes pequeños
- cucharadita de pimentón ahumado
- 1 cucharadita de ajo en polvo
- Sal y pimienta negra recién molida, al gusto
- Spray para cocinar

Indicaciones
1. Rocíe la cesta de freír al aire con spray de cocina.
2. En un tazón mediano, mezcle los ramilletes de coliflor con el pimentón ahumado y el ajo en polvo hasta que estén uniformemente cubiertos. Espolvorear con sal y pimienta.
3. Colocar los ramilletes de coliflor en la cesta de freír y rociar ligeramente con spray de cocina.
4. Coloque la cesta de freír en la posición de freír.
5. Seleccione Air Fry, fije la temperatura en 400°F (205°C) y el tiempo en 20 minutos. Remueva la coliflor cuatro veces durante la cocción.
6. Retire la coliflor de la parrilla de la freidora de aire y sírvala caliente.

Nutrición: Calorías 624 Grasas 39,3g Proteínas 72g

222. Aros de cebolla

Tiempo de preparación: 10 minutos
Tiempo de cocción: 10 minutos
Raciones: 3
Ingredientes:
- 2 cebollas blancas, cortadas en aros
- 125g de harina
- 2 huevos batidos
- 126g de pan rallado

Indicaciones
1. Cubrir los aros de cebolla con harina.
2. Pasar por el huevo.
3. Pasar por el pan rallado.
4. Añadir a la freidora de aire.
5. Ponerla a freír al aire.
6. Cocine a 200 grados C durante 10 minutos.

Nutrición: Calorías 564 Grasas 32g Proteínas 72g

223. Bocados de coliflor

Tiempo de preparación: 15 minutos
Tiempo de cocción: 10 minutos
Raciones: 6
Ingredientes:
Bocados de coliflor
- 845g de arroz de coliflor
- 1 huevo batido
- 95g de queso parmesano rallado
- 240g de queso cheddar, rallado
- 2 cucharadas de cebollino picado
- 31g de pan rallado
- Sal y pimienta al gusto

Salsa
- 119g de ketchup
- 2 cucharadas de salsa picante

Indicaciones
1. Combinar los ingredientes de los bocados de coliflor en un bol.
2. Mezclar bien.
3. Formar bolas con la mezcla.
4. Elegir el ajuste de freír al aire.
5. Añade los bocados de coliflor a la freidora de aire.
6. Cocine a 190 grados C durante 10 minutos.
7. Mezclar el ketchup y la salsa picante.
8. Servir los bocados de coliflor con la salsa.

Nutrición: Calorías 714 Grasas 29g Proteínas 63g

224. Espárragos al balsámico

Tiempo de preparación: 15 minutos
Tiempo de cocción: 9 minutos
Raciones: 4
Ingredientes:
- 4 cucharadas de aceite de oliva, más para engrasar
- 4 cucharadas de vinagre balsámico

- 1½ libras (680 g) de espárragos, recortados
- Sal y pimienta negra recién molida, al gusto

Indicaciones

1. Engrasar la cesta de freír al aire con aceite de oliva.
2. En un recipiente poco profundo, mezcle las 4 cucharadas de aceite de oliva y el vinagre balsámico para hacer un adobo.
3. Poner los espárragos en el bol para que queden bien cubiertos por la marinada y dejar marinar durante 5 minutos.
4. Poner los espárragos en la cesta engrasada en una sola capa y salpimentar.
5. Colocar la cesta de freír al aire en la posición de freír al aire.
6. Selecciona Air Fry, ajusta la temperatura a 350ºF (180ºC), y ajusta el tiempo a 10 minutos. Dale la vuelta a los espárragos a mitad del tiempo de cocción.
7. Cuando estén hechos, los espárragos deben estar tiernos y ligeramente dorados. Deje enfriar durante 5 minutos antes de servir.

Nutrición: Calorías 825 Grasas 35g Proteínas 52g

225. Patatas al horno

Tiempo de preparación: 20 minutos
Tiempo de cocción: 45 minutos
Raciones: 6

Ingredientes:

- 6 patatas
- 1 cucharada de aceite de oliva
- Sal al gusto
- 239g de mantequilla
- 125ml de leche
- 130g de crema agria
- 372g de queso cheddar, rallado y dividido

Indicaciones

1. Pinchar las patatas con un tenedor.
2. Añadir a la freidora de aire.
3. Ponerla a hornear.
4. Cocine a 200 grados C durante 40 minutos.
5. Sacar del horno.
6. Cortar la patata por la mitad
7. Sacar la pulpa de la patata con una cuchara.
8. Mezclar la pulpa de la patata con el resto de los ingredientes.
9. Volver a poner la mezcla en las cáscaras de patata.

10. Hornear en la freidora de aire durante 5 minutos.

Nutrición: Calorías 864 Grasas 36g Proteínas 52g

226. Rollos de huevo con queso

Tiempo de preparación: 15 minutos
Tiempo de cocción: 12 minutos
Raciones: 12

Ingredientes:

- 12 envoltorios de rollitos de primavera
- 12 lonchas de queso provolone
- 3 huevos cocidos y cortados en rodajas
- 1 zanahoria, cortada en tiras finas
- 1 cucharada de agua

Indicaciones

1. Cubre los envoltorios con el queso, los huevos y las tiras de zanahoria.
2. Enrolla los envoltorios y séllalos con agua.
3. Colocar dentro de la freidora de aire.
4. Ponerla a freír al aire.
5. Cocine a 198 grados C durante 12 minutos, girando una o dos veces.

Nutrición: Calorías 814 Grasas 31g Proteínas 59g

227. Pizza vegetariana

Tiempo de preparación: 15 minutos
Tiempo de cocción: 10 minutos
Raciones: 1

Ingredientes:

- 1 masa de pizza
- 1 cucharada de aceite de oliva
- 59g de salsa de tomate
- 93g de champiñones
- 95g de aceitunas negras, en rodajas
- 1 diente de ajo picado
- ½ cucharadita de orégano
- Sal y pimienta al gusto
- 238g de mozzarella rallada

Indicaciones

1. Untar la masa de la pizza con aceite.
2. Extender la salsa de tomate por encima.
3. Colocar encima los champiñones y las aceitunas.
4. Espolvorear con ajo y orégano.
5. Sazonar con sal y pimienta.
6. Cubrir con queso mozzarella.

7. Colocar dentro de la freidora de aire.
8. Ponerla a hornear.
9. Cocine a 200 grados C durante 10 minutos.

Nutrición: Calorías 894 Grasas 39g Proteínas 70g

228. Chips de coles de Bruselas

Tiempo de preparación: 10 minutos
Tiempo de cocción: 15 minutos
Raciones: 2

Ingredientes:
- 90g de coles de Bruselas, cortadas en rodajas finas
- 1 cucharada de aceite de oliva
- 1 cucharadita de ajo en polvo
- Sal y pimienta al gusto
- 2 cucharadas de queso parmesano rallado

Indicaciones
1. Echar las coles de Bruselas en aceite.
2. Espolvorear con ajo en polvo, sal, pimienta y queso parmesano.
3. Elige la función de hornear.
4. Añade las coles de Bruselas en la freidora de aire.
5. Cocine a 176 grados C durante 8 minutos.
6. Dar la vuelta y cocinar durante 7 minutos más.

Nutrición: Calorías 866 Grasas 26g Proteínas 62g

229. Rebanadas de berenjena dorada con perejil

Tiempo de preparación: 5 minutos
Tiempo de cocción: 12 minutos
Raciones: 4

Ingredientes:
- 125g de harina
- 4 huevos
- Sal, al gusto
- 126g de pan rallado
- 1 cucharadita de condimento italiano
- berenjenas, en rodajas
- 2 dientes de ajo, en rodajas
- 2 cucharadas de perejil picado
- Spray para cocinar

Indicaciones
1. Rocíe la cesta para freír con aire con spray para cocinar. Dejar a un lado.

2. En un plato, coloque la harina. En un bol poco profundo, bata los huevos con la sal. En otro recipiente poco profundo, combine el pan rallado y el condimento italiano.
3. Pasar las rodajas de berenjena, de una en una, por la harina, luego por los huevos batidos y finalmente por la mezcla de pan rallado para cubrirlas bien.
4. Coloque las rodajas de berenjena recubiertas en la cesta de freír al aire.
5. Coloque la cesta en la posición de freír al aire.
6. Seleccione Air Fry, ajuste la temperatura a 390°F (199°C), y ajuste el tiempo a 12 minutos. Dale la vuelta a las rodajas de berenjena a mitad del tiempo de cocción.
7. Cuando termine la cocción, las rodajas de berenjena deben estar doradas y crujientes. Pasar las rodajas de berenjena a un plato y espolvorear el perejil y el ajo por encima antes de servir.

Nutrición: Calorías 874 Grasas 37g Proteínas 79g

230. Cubos de tofu tostados y horneados

Tiempo de preparación: 15 minutos
Tiempo de cocción: 17 minutos
Raciones: 2

Ingredientes:
- 1/2 bloque de tofu, cortado en cubos
- cucharada de aceite de oliva
- 1 cucharada de levadura nutricional
- 1 cucharada de harina
- 1/4 cucharadita de pimienta negra
- 1 cucharadita de sal marina
- 1/2 cucharadita de ajo en polvo

Indicaciones
1. Combinar todos los ingredientes con el tofu
2. Precaliente la PowerXL Air Fryer Grill a 2300C o 4000F.
3. Hornea el tofu en una bandeja de horno forrada durante 15-30 minutos; dale la vuelta cada 10 minutos.

Nutrición: Calorías 100 Proteínas: 8g Grasas 6g

231. Rollos de verduras

Tiempo de preparación: 20 minutos
Tiempo de cocción: 20 minutos

Raciones: 5
Ingredientes:
- 1 cucharada de aceite de oliva
- 1 diente de ajo picado
- 1 cucharadita de jengibre picado
- 3 cebolletas, picadas
- 226g de champiñones, picados
- 100g de col, picada
- 226g de castañas de agua, picadas
- Sal y pimienta al gusto
- 6 envoltorios de rollitos de primavera
- 1 cucharada de agua

Indicaciones
1. Añadir aceite a una sartén a fuego medio.
2. Cocinar el ajo, el jengibre, las cebolletas y las setas durante 2 minutos.
3. Incorporar el resto de las verduras.
4. Sazonar con sal y pimienta.
5. Cocinar durante 3 minutos, removiendo.
6. Pasar a un colador.
7. Añadir las verduras encima de los envoltorios.
8. Enrollar los envoltorios.
9. Sellar los bordes con agua.
10. Colocar los rollos dentro de la freidora de aire.
11. Elegir el ajuste de la freidora de aire.
12. Cocine a 182 grados C durante 15 minutos.

Nutrición: Calorías 805 Grasas 33g Proteínas 92g

232. Verduras tostadas con arroz y huevos

Tiempo de preparación: 5 minutos
Tiempo de cocción: 13 minutos
Raciones: 4
Ingredientes:
- 2 cucharaditas de mantequilla derretida
- 106g de champiñones picados
- 264g de arroz cocido
- 153g de guisantes
- 1 zanahoria picada
- 1 cebolla roja picada
- 1 diente de ajo, picado
- Sal y pimienta negra, al gusto
- huevos duros, rallados
- 1 cucharada de salsa de soja

Indicaciones

1. Untar una fuente de horno con mantequilla derretida.
2. Mezclar las setas, la zanahoria, los guisantes, el ajo, la cebolla, el arroz cocido, la sal y la pimienta en un bol grande hasta que estén bien mezclados. Vierta la mezcla en la fuente de horno preparada.
3. Colocar la fuente de horno en posición de tostado.
4. Seleccione Tostado, ajuste la temperatura a 380°F (193°C), y ajuste el tiempo a 12 minutos.
5. Cuando termine la cocción, retire de la parrilla de la freidora. Divida la mezcla entre cuatro platos. Servir caliente con una pizca de huevos rallados y un chorrito de salsa de soja.

Nutrición: Calorías 724 Grasas 37g Proteínas 62g

233. Coles de Bruselas al limón

Tiempo de preparación: 5 minutos
Tiempo de cocción: 19 minutos
Raciones: 4
Ingredientes:
- libra (454 g) de coles de Bruselas, recortadas y cortadas por la mitad
- 1 cucharada de aceite de oliva virgen extra
- Sal marina y pimienta negra recién molida, al gusto
- 28g de tomates secos, picados
- cucharadas de zumo de limón recién exprimido
- 1 cucharadita de ralladura de limón

Indicaciones
1. Forrar una bandeja de horno grande con papel de aluminio.
2. Mezclar las coles de Bruselas con el aceite de oliva en un bol grande. Espolvorear con sal y pimienta negra.
3. Extiende las coles de Bruselas en una sola capa en la bandeja de horno.
4. Colocar la bandeja de horno en posición de tostado.
5. Selecciona Tostado, ajusta la temperatura a 205°C (400°F), y ajusta el tiempo a 20 minutos.
6. Cuando estén hechas, las coles de Bruselas deben estar caramelizadas. Retirar de la parrilla de la freidora de aire a un bol para

servir, junto con los tomates, el zumo de limón y la ralladura de limón. Mezclar para combinar. Servir inmediatamente.

Nutrición: Calorías 894 Grasas 32g Proteínas 92g

234. Lasaña de calabacín

Tiempo de preparación: 15 minutos
Tiempo de cocción: 15 minutos
Raciones: 4

Ingredientes:

- 1 calabacín, cortado en rodajas finas a lo largo y dividido
- 119g de salsa marinara, dividida
- 132g de ricotta, dividido
- 50g de hojas de albahaca fresca, picadas y divididas
- 8g de hojas de espinacas, picadas y divididas

Indicaciones

1. Poner en capas la mitad de las rodajas de calabacín en un pequeño molde para pan.
2. Untar con la mitad de la salsa marinara y el requesón.
3. Cubrir con la mitad de las espinacas y la albahaca.
4. Repetir las capas con el resto de los ingredientes.
5. Cubrir la sartén con papel de aluminio.
6. Colocar dentro de la freidora de aire.
7. Póngala a hornear.
8. Cocinar a 200 grados C durante 10 minutos.
9. Retire el papel de aluminio y cocine durante otros 5 minutos.

Nutrición: Calorías 814 Grasas 21g Proteínas 65g

235. Pizza de berenjena

Tiempo de preparación: 25 minutos
Tiempo de cocción: 19 minutos
Raciones: 2

Ingredientes:

- Berenjena (cortada en rodajas de 0.6cm)
- Masa de pizza sin gluten
- 238g de salsa para pizza
- Romero y albahaca frescos
- Queso
- Dientes de ajo picados
- Pimienta roja, sal y pimienta

- Aceite de oliva

Indicaciones

1. Frote las rodajas de berenjena con aceite de oliva y romero, sal y pimienta, y hornee durante 25 minutos a 2180C o 4250F en el PowerXL Air Fryer Grill
2. Enrolle la masa en forma redonda y extienda el resto de los ingredientes por encima.
3. Precaliente el PowerXL Air Fryer Grill a 2300C o 4500F en la posición de pizza y hornee la pizza durante 10 minutos.

Nutrición: Calorías: 260 Proteínas: 9g Grasas 14g

236. Champiñones rellenos de queso con verduras

Tiempo de preparación: 5 minutos
Tiempo de cocción: 9 minutos
Raciones: 4

Ingredientes:

- 4 champiñones Portobello, sin tallo
- cucharada de aceite de oliva
- 1 tomate, cortado en dados
- ½ pimiento verde, cortado en dados
- ½ cebolla roja pequeña, picada
- ½ cucharadita de ajo en polvo
- Sal y pimienta negra, al gusto
- 119gde queso mozzarella rallado

Indicaciones

1. Con una cuchara, sacar las agallas de los champiñones y desecharlas. Untar los champiñones con el aceite de oliva.
2. En un bol, mezclar el resto de los ingredientes excepto el queso Mozzarella. Con una cuchara, rellenar cada champiñón con el relleno y esparcir el queso Mozzarella por encima.
3. Disponer los champiñones en la cesta de freír al aire.
4. Colocar la cesta en la posición de tostado.
5. Seleccione Tostado, ajuste la temperatura a 330°F (166°C) y ajuste el tiempo a 8 minutos.
6. Al finalizar la cocción, el queso debe estar derretido.
7. Servir caliente.

Nutrición: Calorías 734 Grasas 26g Proteínas 81g

237. Setas tostadas, pimiento y calabaza

Tiempo de preparación: 9 minutos
Tiempo de cocción: 16 minutos
Raciones: 4

Ingredientes:

- (8 onzas / 227 g) paquete de champiñones en rodajas
- 1 calabaza amarilla de verano, en rodajas
- 1 pimiento rojo en rodajas
- dientes de ajo, en rodajas
- 1 cucharada de aceite de oliva
- ½ cucharadita de albahaca seca
- ½ cucharadita de tomillo seco
- ½ cucharadita de estragón seco

Indicaciones

1. Mezcle los champiñones, el pimiento y la calabaza con el ajo y el aceite de oliva en un bol grande hasta que estén bien cubiertos. Mezcla la albahaca, el tomillo y el estragón y vuelve a mezclar.
2. Distribuya las verduras uniformemente en la cesta de freír al aire.
3. Coloque la cesta en la posición de tostado.
4. Seleccione Tostado, ajuste la temperatura a 350°F (180°C), y ajuste el tiempo a 16 minutos.
5. Cuando la cocción esté completa, las verduras deben estar tiernas como un tenedor. Retire la cesta de la parrilla de la freidora de aire. Enfríe durante 5 minutos antes de servir.

Nutrición: Calorías 811 Grasa 30g Proteína 79g

238. Frijoles de cera con limón rápidos

Tiempo de preparación: 5 minutos
Tiempo de cocción: 12 minutos
Raciones: 4

Ingredientes:

- 2 libras (907 g) de judías de cera
- 2 cucharadas de aceite de oliva virgen extra
- Sal y pimienta negra recién molida, al gusto
- Jugo de ½ limón, para servir

Indicaciones

1. Forrar una bandeja de horno con papel de aluminio.

2. Mezclar las alubias con el aceite de oliva en un bol grande. Condimentar ligeramente con pimienta y sal.
3. Extienda las judías de cera en la bandeja.
4. Colocar la bandeja para hornear en posición de tostado.
5. Seleccione Tostado, ajuste la temperatura a 205°C (400°F), y ajuste el tiempo a 12 minutos.
6. Cuando estén hechas, las judías estarán caramelizadas y tiernas. Retirar de la parrilla de la freidora de aire a un plato y servir rociadas con el zumo de limón.

Nutrición: Calorías 813 Grasas 35g Proteínas 62g

239. Patatas asadas con Sriracha

Tiempo de preparación: 29 minutos
Tiempo de cocción: 21 minutos
Raciones: 3

Ingredientes:

- 3 patatas, cortadas en dados
- 2-3 cucharaditas de sriracha
- 1/4 de ajo en polvo
- Sal y pimienta
- Aceite de oliva
- Perejil fresco picado

Indicaciones

1. Combinar las patatas con el resto de ingredientes.
2. Precaliente la PowerXL Air Fryer Grill a 2300C o 4500F.
3. Cubra la sartén con aceite de oliva y extienda las patatas recubiertas. Espolvoree el perejil.
4. Hornee durante 30 minutos.

Nutrición: Calorías 147 Proteínas: 3g Grasas 4,7g

240. Verduras picantes tailandesas

Tiempo de preparación: 10 minutos
Tiempo de cocción: 8 minutos
Raciones: 4

Ingredientes:

- cabeza pequeña de col Napa, rallada, dividida
- 1 zanahoria mediana, cortada en monedas finas

- 8 onzas (227 g) de guisantes de nieve
- 1 pimiento rojo o verde, cortado en tiras finas
- 1 cucharada de aceite vegetal
- cucharadas de salsa de soja
- 1 cucharada de aceite de sésamo
- cucharadas de azúcar moreno
- 2 cucharadas de zumo de lima recién exprimido
- 2 cucharaditas de pasta de curry tailandesa roja o verde
- 1 chile serrano, sin semillas y picado
- 200g de rodajas de mango congeladas, descongeladas
- 50g de cacahuetes o anacardos tostados picados

Indicaciones

1. Poner la mitad de la col Napa en un bol grande, junto con la zanahoria, el pimiento y los guisantes. Rocía con el aceite vegetal y remueve para cubrirlos. Repártalos uniformemente en la bandeja.
2. Coloca la sartén en posición de tostado.
3. Selecciona Tostado, ajusta la temperatura a 375ºF (190ºC) y ajusta el tiempo a 8 minutos.
4. Mientras tanto, bate la salsa de soja, el azúcar moreno, el aceite de sésamo, la pasta de curry y el zumo de lima en un bol pequeño.
5. Cuando estén hechas, las verduras deben estar tiernas y crujientes. Retirar la sartén y volver a poner las verduras en el bol. Añadir el resto de la col, las rodajas de mango y el chile. Verter el aliño y remover para cubrir. Cubrir con las nueces tostadas y servir.

Nutrición: Calorías 810 Grasas 23g Proteínas 68g

241. Melocotones fritos

Tiempo de preparación: 2 horas
Tiempo de cocción: 14 minutos
Raciones: 4
Ingredientes:

- 4 melocotones maduros
- 62g de harina
- Sal
- yemas de huevo
- 180ml de agua fría
- 1 1/2 cucharadas de aceite de oliva
- cucharadas de brandy
- claras de huevo
- Mezcla de canela y azúcar

Indicaciones:

1. Mezclar la harina, las yemas de huevo y la sal en un bol. Mezclar poco a poco el agua y añadir el brandy. Dejar a un lado la mezcla durante 2 horas.
2. Hervir una olla grande de agua y cortar una X en el fondo de cada melocotón. Mientras el agua hierve, llene otro recipiente grande con agua y hielo.
3. Hierve cada melocotón durante un minuto y luego sumérgelo en el baño de hielo. Ahora las cáscaras deben caerse del melocotón. Batir las claras de huevo y mezclarlas con la masa. Sumergir cada melocotón en la mezcla para cubrirlo.
4. Fría al aire a 182 grados C durante 10 minutos. Preparar un plato con la mezcla de canela y azúcar, pasar los melocotones por la mezcla y servir.

Nutrición: Calorías: 68 Grasas: 5g Proteínas: 1g

242. Albóndigas de manzana

Tiempo de preparación: 15 minutos
Tiempo de cocción: 25 minutos
Raciones: 4
Ingredientes:

- 2 cucharadas de aceite de coco derretido
- 2 hojas de hojaldre
- cucharada de azúcar moreno
- cucharada de pasas
- manzanas pequeñas a elección

Indicaciones:

1. Asegúrese de que su freidora de aire esté precalentada a 180 C. Descorazone y pele las manzanas y mézclelas con las pasas y el azúcar.
2. Coloque un poco de la mezcla de manzanas en las hojas de hojaldre y pinte los lados con aceite de coco derretido. Colocar en la freidora de aire. Freír al aire durante 25 minutos, dándole la vuelta a mitad de camino. Servir.

Nutrición: Calorías 163 Grasas: 9g Proteínas: 1g

243. Rollos de crema de frambuesa

Tiempo de preparación: 15 minutos
Tiempo de cocción: 10 minutos
Raciones: 4
Ingredientes:

- 176g de frambuesas frescas enjuagadas y secadas con palmaditas
- 119g de queso crema ablandado a temperatura ambiente
- 53g de azúcar moreno
- 80g de leche condensada azucarada
- 1 huevo
- 1 cucharadita de almidón de maíz
- 6 envoltorios de rollitos de primavera
- 60ml de agua

Indicaciones:

1. Cubra la cesta de su freidora de aire con un forro de papel de aluminio, dejando los bordes sin cubrir. Precaliente la freidora de aire a 176 C.
2. En un bol, mezcle el queso crema, el azúcar moreno, la leche condensada, la maicena y el huevo. Bata o bata bien hasta que todos los ingredientes estén completamente mezclados y sean esponjosos, espesos y rígidos.
3. Con una cuchara, ponga cantidades uniformes del relleno cremoso en cada envoltorio de

rollito de primavera, y luego cubra cada porción de relleno con varias frambuesas.

4. Enrolle los envoltorios alrededor del relleno cremoso de frambuesa y selle las costuras con unos toques de agua. Coloque cada rollo en la cesta de la freidora de aire forrada con papel de aluminio, con las costuras hacia abajo.

5. Poner a freír al aire durante 10 minutos. Durante la cocción, agitar el asa de la cesta de la freidora para que la superficie quede bien crujiente. Retire con unas pinzas y sirva caliente o frío.

Nutrición: Calorías 164 Grasa: 1g Proteína: 7g

244. Pastel de chocolate

Tiempo de preparación: 15 minutos
Tiempo de cocción: 45 minutos
Raciones: 10
Ingredientes:
- 125ml de agua caliente
- cucharadita de vainilla
- 60ml de aceite de oliva
- 125ml de leche de almendras
- 1 huevo
- ½ cucharadita de sal
- ¾ cucharadita de bicarbonato de sodio
- ¾ cucharadita de levadura en polvo
- 53g de cacao en polvo sin azúcar
- 102g de harina de almendra
- 212g de azúcar moreno

Indicaciones:
1. Precaliente su freidora a 180 C. Mezcle todos los ingredientes secos. A continuación, añada los ingredientes húmedos. Añada el agua caliente en último lugar.

2. Vierta la masa del pastel en un molde que quepa en la freidora. Cubra con papel de aluminio y haga agujeros en el mismo. Hornee durante 35 minutos. Deseche el papel de aluminio y hornee otros 10 minutos.

Nutrición: Calorías: 186 Grasas: 6g Proteínas: 6g

245. Donas de chocolate

Tiempo de preparación: 15 minutos
Tiempo de cocción: 16 minutos
Raciones: 10

Ingredientes:
- Galletas gigantes de 226g
- Aceite de cocina
- Salsa de chocolate, como la de Hershey's

Indicaciones:
1. Separe la masa de galletas en 8 galletas y colóquelas en una superficie de trabajo plana. Cortar un agujero en el centro de cada galleta utilizando un cortador de galletas de círculo pequeño. También puede cortar los agujeros con un cuchillo.

2. Rocíe la cesta de la freidora con aceite de cocina. Coloque 4 rosquillas en la freidora de aire. No los apiles. Rocíe con aceite de cocina. Fría al aire durante 4 minutos.

3. Dar la vuelta a los donuts y freírlos durante 4 minutos más. Sacar los donuts cocidos de la freidora, repetir los pasos 3 y 4 para los 4 donuts restantes. Rocía la salsa de chocolate sobre los donuts y disfrútalos mientras están calientes.

Nutrición: Calorías: 240 Grasas: 14g Proteínas: 3g

246. Plátanos fritos con salsa de chocolate

Tiempo de preparación: 15 minutos
Tiempo de cocción: 11 minutos
Raciones: 2
Ingredientes:
- huevo grande
- 35g de maicena
- 31g de pan rallado
- plátanos, cortados por la mitad en sentido transversal
- Aceite de cocina
- Salsa de chocolate

Indicaciones:
1. En un bol pequeño, bata el huevo. En otro bol, colocar la maicena. En el tercer bol, pon el pan rallado. Pasa los plátanos por la maicena, luego por el huevo y después por el pan rallado.

2. Rocíe la cesta de la freidora de aire con aceite de cocina. Coloca los plátanos en la cesta y rocíalos con aceite de cocina.

3. Fría al aire durante 5 minutos. Abra la freidora de aire y dé la vuelta a los plátanos. Cocine

durante 2 minutos más. Pasar los plátanos a los platos. Poner la salsa de chocolate sobre los plátanos y servir.

Nutrición: Calorías 130 Grasas: 6g Proteínas: 2g

247. Pastel de Manzana

Tiempo de preparación: 15 minutos
Tiempo de cocción: 8 minutos
Raciones: 6
Ingredientes:
- 425g de relleno de tarta de manzana sin azúcar añadido
- corteza comprada en la tienda

Indicaciones:
1. Extienda la corteza de la tarta y córtela en cuadrados del mismo tamaño. Colocar 2 cucharadas de relleno en cada cuadrado y sellar la corteza con un tenedor. Colocar en la freidora de aire. Hornee durante 8 minutos a 198 C hasta que tenga un color dorado.

Nutrición: Calorías: 135 Grasas: 6g Proteínas: 1g

248. Wontons dulces de queso crema

Tiempo de preparación: 15 minutos
Tiempo de cocción: 5 minutos
Raciones: 16
Ingredientes:
- huevo mezclado con un poco de agua
- Envoltorios de wonton
- 125g de edulcorante en polvo
- 453g de queso crema ablandado
- Aceite de oliva

Indicaciones:
1. Mezclar el edulcorante y el queso crema. Disponer 4 wontons a la vez y cubrirlos con un paño de cocina para evitar que se sequen. Colocar ½ cucharadita de la mezcla de queso crema en cada envoltorio.
2. Sumergir el dedo en la mezcla de huevo y agua y doblar en diagonal para formar un triángulo. Sellar bien los bordes. Repetir con el resto de los ingredientes.
3. Colocar los wontons rellenos en la freidora de aire y freírlos durante 5 minutos a 200 grados C, agitando a mitad de la cocción.

Nutrición: Calorías: 250 Grasas: 13g Proteínas: 6g

249. Rollos de canela

Tiempo de preparación: 15 minutos
Tiempo de cocción: 5 minutos
Raciones: 8
Ingredientes:
- ½ cucharada de canela
- 174g de azúcar moreno
- 60ml de aceite de coco derretido
- 453g de masa de pan congelada, descongelada

Glaseado:
- ½ cucharadita de vainilla
- 62g de edulcorante en polvo
- cucharada de ghee ablandado
- 28g de queso crema ablandado

Indicaciones:
1. Extienda la masa de pan y extiéndala en forma de rectángulo. Unte la masa con ghee derretido y deje un borde de 2 cm a lo largo de los bordes.
2. Mezclar la canela y el edulcorante y espolvorear sobre la masa. Enrolle la masa con fuerza y córtela en 8 trozos. Dejar reposar 1-2 horas para que suba.
3. Para el glaseado, simplemente mezcle los ingredientes hasta que quede suave. Una vez que los rollos hayan subido, colóquelos en la freidora y hornéelos durante 5 minutos a 176 grados C. Sirva los rollos rociados con el glaseado de queso crema. ¡Que los disfrutes!

Nutrición: Calorías: 140 Grasas: 5g Proteínas: 2g

250. Brownies en blanco y negro

Tiempo de preparación: 15 minutos
Tiempo de cocción: 20 minutos
Raciones: 8
Ingredientes:
- huevo
- 53g de azúcar moreno
- cucharadas de azúcar blanco
- cucharadas de aceite de cártamo
- 1 cucharadita de vainilla
- 26g de cacao en polvo
- 83g de harina para todo uso
- 42g de chips de chocolate blanco

- Spray antiadherente para hornear con harina

Indicaciones:
1. Batir el huevo, el azúcar moreno y el azúcar blanco en un bol mediano. Batir el aceite y la vainilla. Poner el cacao en polvo y la harina, y remover. Incorporar los trozos de chocolate blanco.
2. Rocíe un molde para hornear de 15 por 15 por 5 cm con spray antiadherente. Con una cuchara, vierte la masa del brownie en el molde.
3. Hornee durante 20 minutos en la freidora o hasta que los brownies estén cuajados al tocarlos ligeramente con un dedo. Dejar enfriar durante 30 minutos antes de cortarlos para servirlos.

Nutrición: Calorías: 302 Grasas: 15g Proteínas: 5g

251. Manzana asada

Tiempo de preparación: 15 minutos
Tiempo de cocción: 20 minutos
Raciones: 4
Ingredientes:
- 60ml de agua
- ¼ cucharadita de nuez moscada
- ¼ cucharadita de canela
- ½ cucharadita de ghee derretido
- cucharada de pasas
- cucharada de nueces picadas
- 1 manzana mediana

Indicaciones:
1. Precaliente su freidora a 176 grados C. Corte una manzana por la mitad y deseche parte de la pulpa del centro. Colóquela en una sartén.
2. Mezcle el resto de los ingredientes, excepto el agua. Con una cuchara, ponga la mezcla en el centro de las mitades de manzana. Vierta el agua sobre las manzanas llenas. Colocar la sartén con las mitades de manzana en la freidora de aire, hornear durante 20 minutos.

Nutrición: Calorías: 180 Grasas: 6g Proteínas: 2g

252. Plátanos fritos con canela

Tiempo de preparación: 15 minutos
Tiempo de cocción: 10 minutos
Raciones: 3
Ingredientes:

- 126g de pan rallado panko
- cucharada de canela
- 50g de harina de almendra
- claras de huevo
- 8 plátanos maduros
- cucharada de aceite de coco vegano

Indicaciones:
1. Calentar el aceite de coco y añadir el pan rallado. Mezclar unos 2-3 minutos hasta que se doren. Verter en un bol. Pelar y cortar los plátanos por la mitad.
2. Pasar la mitad de cada plátano por la harina, los huevos y la mezcla de migas. Colocar en la freidora de aire. Freír al aire durante 10 minutos a 138 C. Servir.

Nutrición: Calorías: 165 Grasa: 1g Proteína: 2g

253. Pastel de queso

Tiempo de preparación: 10 minutos
Tiempo de cocción: 15 minutos
Raciones: 15
Ingredientes:
- 453g de queso crema
- ½ cucharadita de extracto de vainilla
- 2 huevos
- 4 cucharadas de azúcar
- 100g de galletas graham, desmenuzadas
- cucharadas de mantequilla

Indicaciones:
1. En un tazón, mezcle las galletas con la mantequilla. Presiona la mezcla de galletas en el fondo de un molde forrado, introduce en tu freidora de aire y hornea a 176 °C durante 4 minutos.
2. Mientras tanto, en un bol, mezcle el azúcar con el queso crema, los huevos y la vainilla y bata bien. Extienda el relleno sobre la corteza de galletas y hornee su tarta de queso en su freidora de aire a 154 °C durante 15 minutos. Deje la tarta en la nevera durante 3 horas, córtela y sírvala.

Nutrición: Calorías: 280 Grasas: 15g Proteínas: 6g

254. Pudín de pan

Tiempo de preparación: 10 minutos
Tiempo de cocción: 1 hora

Raciones: 4

Ingredientes:

- 6 rosquillas glaseadas, desmenuzadas
- 63g de cerezas
- 4 yemas de huevo
- 375g de nata para montar
- 84g de pasas
- 62g de azúcar
- 84g de chispas de chocolate

Indicaciones:

1. En un bol, mezclar las cerezas con las yemas de huevo y la nata montada y remover bien. En otro bol, mezclar las pasas con el azúcar, las pepitas de chocolate y las rosquillas y remover.
2. Combine las 2 mezclas, transfiera todo a una sartén engrasada que se ajuste a su freidora de aire y hornee a 154 C durante 1 hora. Enfríe el pudín antes de cortarlo y servirlo.

Nutrición: Calorías: 287 Grasas: 12g Proteínas: 7g

255. Postre de masa de pan y amaretto

Tiempo de preparación: 10 minutos
Tiempo de cocción: 12 minutos
Raciones: 12

Ingredientes:

- 453g de masa de pan
- 250g de azúcar
- 119g de mantequilla derretida
- 254g de crema de leche
- 340g de chips de chocolate
- cucharadas de licor de amaretto

Indicaciones:

1. Enrolle la masa, córtela en 20 rebanadas y luego corte cada rebanada por la mitad. Unte los trozos de masa con mantequilla, espolvoree azúcar, colóquelos en la cesta de su freidora de aire después de haberla untado con mantequilla, fríalos al aire a 176 °C durante 5 minutos, déles la vuelta, fríalos al aire durante 3 minutos más y páselos a una bandeja.
2. Calentar una sartén con la crema de leche a fuego medio, añadir los trozos de chocolate y remover hasta que se derritan. Añadir el licor,

remover de nuevo, pasar a un bol y servir los panes con esta salsa.

Nutrición: Calorías: 197 Grasas: 6g Proteínas: 2g

256. Pastel de calabaza

Tiempo de preparación: 10 minutos
Tiempo de cocción: 15 minutos
Raciones: 9

Ingredientes:

- cucharada de azúcar
- cucharadas de harina
- 1 cucharada de mantequilla
- cucharadas de agua

For the pumpkin pie filling:

- 28g de pulpa de calabaza, picada
- 1 cucharadita de mezcla de especias
- 1 cucharadita de nuez moscada
- 89ml de agua
- 1 huevo, batido
- 1 cucharada de azúcar

Indicaciones:

1. Poner 89ml de agua en una olla, llevar a ebullición a fuego medio-alto, añadir la calabaza, el huevo, 1 cucharada de azúcar, la especia y la nuez moscada, remover, hervir durante 20 minutos, retirar del fuego y batir con una batidora de inmersión.
2. En un bol, mezclar la harina con la mantequilla, 1 cucharada de azúcar y 2 cucharadas de agua y amasar bien la masa.
3. Engrase un molde para tartas que se adapte a su freidora de aire con mantequilla, presione la masa en el molde y rellénela con el relleno de la tarta de calabaza. Colóquelo en la cesta de su freidora de aire y hornéelo a 182 °C durante 15 minutos. Cortar y servir caliente.

Nutrición: Calorías 133 Grasas: 3g Proteínas: 6g

257. Peras envueltas

Tiempo de preparación: 10 minutos
Tiempo de cocción: 15 minutos
Raciones: 4

Ingredientes:

- 4 hojas de hojaldre
- 397g de crema de vainilla
- 2 peras, cortadas por la mitad

- huevo, batido
- ½ cucharadita de canela en polvo
- cucharada de azúcar

Indicaciones:

1. Coloque las láminas de hojaldre en su superficie de trabajo, añada una cucharada de crema pastelera de vainilla en el centro de cada una, cubra con las mitades de pera y envuelva.
2. Unte las peras con huevo, espolvoree azúcar y canela, colóquelas en la cesta de su freidora de aire y hornee a 160 °C durante 15 minutos. 3. Divida los paquetes entre los platos y sirva.

Nutrición: Calorías: 62 Grasas: 0,2g Proteínas: 0,2g

258. Donas de fresa

Tiempo de preparación: 10 minutos
Tiempo de cocción: 15 minutos
Raciones: 4
Ingredientes:

- 226g de harina
- cucharada de azúcar moreno
- 1 cucharada de azúcar blanco
- 1 huevo
- y ½ cucharadas de mantequilla
- 59ml de leche entera
- 1 cucharadita de levadura en polvo
For the strawberry icing:
- 2 cucharadas de mantequilla
- 59g de azúcar glas
- ½ cucharadita de colorante rosa
- 33g de fresas picadas
- 1 cucharada de nata montada

Indicaciones:

1. En un bol, mezclar la mantequilla, 1 cucharada de azúcar moreno, 1 cucharada de azúcar blanco y la harina y remover. Mezclar el huevo, 1 y ½ cucharadas de mantequilla y la leche en un segundo bol.
2. Combinar las 2 mezclas, remover, dar forma a los donuts con esta mezcla y colocarlos en la cesta de su freidora de aire y freírlos a 182 °C durante 15 minutos.
3. Poner 1 cucharada de mantequilla, el azúcar glas, el colorante alimentario, la nata montada y el puré de fresas y batir bien. Coloca los

donuts en una bandeja y sírvelos con el glaseado de fresa por encima.

Nutrición: Calories: 236 Fat: 15g Protein: 3g

259. Pastel de cacao

Tiempo de preparación: 10 minutos
Tiempo de cocción: 17 minutos
Raciones: 6
Ingredientes:

- 142g de mantequilla derretida
- 3 huevos
- 85g de azúcar
- cucharadita de cacao en polvo
- ??onzas de harina
- ½ cucharadita de zumo de limón

Indicaciones:

1. En un bol, mezcle 1 cucharada de mantequilla con el cacao en polvo y bata. En otro bol, mezcla el resto de la mantequilla con el azúcar, los huevos, la harina y el zumo de limón, bate bien y vierte la mitad en un molde para pasteles que se adapte a tu freidora de aire.
2. Añade la mitad de la mezcla de cacao, extiéndela, añade el resto de la capa de mantequilla y cubre con el resto del cacao. Introduce en tu freidora de aire y hornea a 182 °C durante 17 minutos. Deje enfriar el pastel antes de cortarlo y servirlo.

Nutrición: Calorías 150 Grasas: 9g Proteínas: 3g

260. Pan de manzana

Tiempo de preparación: 10 minutos
Tiempo de cocción: 40 minutos
Raciones: 6
Ingredientes:

- 374g de manzanas sin corazón y cortadas en cubos
- 250g de azúcar
- 1 cucharada de vainilla
- huevos
- 1 cucharada de especias para tartas de manzana
- 125g de harina blanca
- 1 cucharada de polvo de hornear
- 1 barra de mantequilla

- 250ml de agua

Indicaciones:

1. En un bol, mezcle el huevo con 1 barra de mantequilla, la especia para tartas de manzana y el azúcar y remuévalo con la batidora. Añade las manzanas y vuelve a remover bien.

2. En otro bol, mezclar la levadura en polvo con la harina y remover. Combina las dos mezclas, remueve y vierte en un molde de primavera. Ponga el molde en su freidora y hornee a 160 °C durante 40 minutos. Cortar y servir.

Nutrición: Calorías 160 Grasa: 1g Proteína: 3g

LISTA DE COMPRAS

Horneado

- Harina
- Azúcar
- Extracto de vainilla
- Bicarbonato de sodio
- Polvo para hornear
- Azúcar moreno
- Extracto de vainilla

Carne de res/de cerdo

- Tocino
- Filete de costilla
- Pechuga de ternera molida
- Salchicha italiana
- Asado a la inglesa
- Carne picada

Panes

- Panecillos de hoagie o sub
- Pan rallado

Condimentos

- Sal
- Pimienta negra
- Aceite de semilla de uva
- Vinagre balsámico
- Condimento italiano
- Spray de cocina
- Aceite de oliva virgen extra
- Condimento para pollo
- Aceite de cacahuete
- Salsa marinara
- Salsa para pizza
- Salsa de soja
- Aceite de sésamo
- Mantequilla de cacahuete

- Salsa de soja reducida en sodio
- Vinagre de arroz
- Miel
- Salsa de tomate

Lácteos

- Suero de leche
- Mantequilla
- Yogur
- Leche entera

Deli

- Queso parmesano
- Queso mozzarella
- Pepperoni

Alimentos congelados

- Harina de almendra

Aves de corral

- Huevos
- Pechugas de pollo
- Solomillos de pollo

Aperitivos

- Cacahuetes
- Semillas de sésamo

Especias

- Ajo en polvo
- Escamas de pimienta roja
- Curry en polvo
- Albahaca seca
- Pimienta de cayena

Vegetales

- Tomate

- Albahaca fresca
- Ajo
- Cebollas

- Jengibre
- Cebolla
- Perejil

PLAN DE COMIDAS PARA 2 SEMANAS

SEMANA 1

Día 1

Desayuno: Waffles de suero de leche

Almuerzo: Pollo Bruschetta

Cena: Bulgogi de ternera con cebollas y sésamo

Día 2

Desayuno: Bagel simple

Comida: Solomillos de pollo con costra de queso

Cena: Sándwiches de albóndigas con queso

Día 3

Desayuno: Gofres de tocino con azúcar moreno

Almuerzo: Pechugas de pollo a la marinera con queso

Cena: Satay de ternera frita con salsa de cacahuete

Día 4

Desayuno: Galletas italianas para gofres

Almuerzo: Pizza de pepperoni y pollo con queso

Cena: Pastel de carne con salsa de tomate

Día 5

Desayuno: Waffles de suero de leche

Almuerzo: Pollo Bruschetta

Cena: Bulgogi de ternera con cebollas y sésamo

Día 6

Desayuno: Bagel simple

Comida: Solomillos de pollo con costra de queso

Cena: Sándwiches de albóndigas con queso

Día 7

Desayuno: Gofres de tocino con azúcar moreno

Almuerzo: Pechugas de pollo a la marinera con queso

Cena: Satay de ternera frita con salsa de cacahuete

SEMANA 1

Día 1

Desayuno: Galletas italianas para gofres

Almuerzo: Pizza de pepperoni y pollo con queso

Cena: Pastel de carne con salsa de tomate

Día 2

Desayuno: Waffles de suero de leche

Almuerzo: Pollo Bruschetta

Cena: Bulgogi de ternera con cebollas y sésamo

Día 3

Desayuno: Bagel simple

Comida: Solomillos de pollo con costra de queso

Cena: Sándwiches de albóndigas con queso

Día 4

Desayuno: Gofres de tocino con azúcar moreno

Almuerzo: Pechugas de pollo a la marinera con queso

Cena: Satay de ternera frita con salsa de cacahuete

Día 5

Desayuno: Galletas italianas para gofres

Almuerzo: Pizza de pepperoni y pollo con queso

Cena: Pastel de carne con salsa de tomate

Día 6

Desayuno: Waffles de suero de leche

Almuerzo: Pollo Bruschetta

Cena: Bulgogi de ternera con cebollas y sésamo

Día 7

Desayuno: Bagel simple

Comida: Solomillos de pollo con costra de queso

Cena: Sándwiches de albóndigas con queso

CONCLUSIÓN

La fritura al aire libre es uno de los métodos alternativos a la fritura. Hay varias freidoras de aire avanzadas disponibles en el mercado ahora. En este libro de cocina, hemos utilizado estos aparatos de cocina inteligentes, avanzados y multifuncionales conocidos popularmente como horno Power air fryer XL. El horno Power XL le permite cocinar casi todo tipo de platos en un solo aparato de cocina. Es capaz de cocinar verduras, carne, pescado, rodajas de fruta, pasteles y mucho más. El horno viene con diferentes accesorios, utilizando estos accesorios se puede cocinar una comida sana y deliciosa en casa fácilmente. El horno es capaz de asar pavo o pollo entero en un solo ciclo de cocción.

La Power air fryer XL es una forma de cocinar alimentos sanos y deliciosos sin esfuerzo. En lugar de utilizar aceite, ésta utiliza aire para cocinar. Puede cocinar todo tipo de alimentos, incluso aperitivos y tentempiés. Los alimentos se cocinan rápida y uniformemente sin aceites. Disfrute de una cocina más sana que nunca.

El horno Power air fryer XL funciona con una técnica de flujo rápido de aire caliente que ayuda a distribuir por igual el calor en la cámara de cocción alrededor de los alimentos. Esta distribución equitativa del calor cocina sus alimentos más rápidamente y le proporciona resultados de cocción uniformes en cada ciclo de cocción. Hace que los alimentos queden crujientes por fuera y jugosos y tiernos por dentro. El horno cuenta con una gran pantalla con 8 funciones preestablecidas. Al utilizar estas funciones preestablecidas, no tendrá que preocuparse por los ajustes de temperatura y tiempo, ya que están preestablecidos. También puede configurar estos ajustes manualmente pulsando las teclas de flecha arriba y abajo que aparecen en el panel de control.

Este asombroso electrodoméstico es fácil de usar. Sólo tiene que añadir los alimentos que desea cocinar y encender los 3 quemadores. Puede asar, freír, tostar, hornear e incluso ahumar. También se puede utilizar para cocinar al vapor, hervir, deshidratar y congelar. Con la freidora Complete Power XL, no hay limitaciones en lo que puede cocinar. También puede hacer fácilmente comida sana para llevar que le costaría una fortuna.

La Power air fryer XL Grill es la máquina de cocina definitiva para los ocupados cocineros caseros de hoy en día. No es una parrilla tradicional, pero ofrece una calidad y versatilidad asombrosas en lo que puede hacer.

La Power air fryer XL puede cocinar su carne favorita, verduras e incluso pizza sin utilizar aceite o mantequilla.

Es seguro para usar alrededor de los niños y las mascotas porque no utilizan ninguna llama abierta. Esto lo hace perfecto para cualquier cocina casera ocupada que busque una manera conveniente de cocinar comida tras comida sin todo el alboroto.

En conclusión, la Power air fryer XL es un aparato potente y versátil hecho para simplificar el proceso de cocción de alimentos más sanos, a la vez que le permite ahorrar dinero gracias a su impresionante eficiencia energética. El diseño elegante y liso de esta freidora seguramente complacerá a cualquier cliente.

Si está buscando una nueva freidora, considere la posibilidad de invertir en una que le dure y le proporcione toda una vida de uso. La freidora Power air fryer XL ofrece la más alta calidad y el mejor rendimiento, ¡y seguro que será el complemento perfecto para su cocina!

Lightning Source UK Ltd.
Milton Keynes UK
UKHW051856280521
384550UK00002B/71